中国独立电影访谈录

欧阳江河 编

四川文艺出版社

图书在版编目（CIP）数据

中国独立电影访谈录 / 欧阳江河编 . -- 成都：四川文艺出版社，2018.9
ISBN 978-7-5411-4874-3

Ⅰ. ①中… Ⅱ. ①欧… Ⅲ. ①电影导演—访问记—中国—现代 Ⅳ. ① K285.78

中国版本图书馆 CIP 数据核字 (2018) 第 100802 号

ZHONGGUO DULI DIANYING FANGTANLU
中国独立电影访谈录
欧阳江河　编

策　　划	胡　焰　封　龙
责任编辑	封　龙　周　轶
封面设计	叶　茂
责任校对	蓝　海
责任印制	崔　娜

出版发行	四川文艺出版社（成都市槐树街2号）
网　　址	www.scwys.com
电　　话	028-86259287（发行部）　028-86259303（编辑部）
传　　真	028-86259306

邮购地址	成都市槐树街2号四川文艺出版社邮购部　610031		
排　　版	四川最近文化传播有限公司		
印　　刷	成都东江印务有限公司		
成品尺寸	125mm×185mm　1/32		
印　　张	10.25	字　　数	230千
版　　次	2018年9月第一版	印　　次	2018年9月第一次印刷
书　　号	ISBN 978-7-5411-4874-3		
定　　价	58.00元		

版权所有·侵权必究。如有质量问题，请与出版社联系更换。028-86259301

中国独立电影访谈录

中国独立电影访谈录

目录

一 访谈

002 / **贾樟柯 & 侯孝贤**
相信什么就该拍什么

012 / **王超 & 戴锦华**
我愿意自己的作品被归入"中国现实主义"流派

036 / **李杨 & 刘辉**
电影的意义

055 / **李玉 & 崔卫平**
电影——它使你的心没有那么冰冷

083 / **章明 & 徐枫**
在期待之中

136 / **朱文 & 翟永明**
我的电影不能没有诗意

156 / **万玛才旦 & 崔卫平**
我注意的可能是一种状态

178 / **李红旗 & 杨海崧**
自己到底是个什么"东西"呢?

187 / **韩杰 & 贾樟柯 & 管娜**
可贵就可贵在人的那种个人精神

评论

225 / **徐枫 & 梅峰**
个体记忆之孔雀

247 / **郑隆福**
贾樟柯电影作品《世界》两个版本的比较

273 / **李陀　崔卫平　　贾樟柯**
西川　欧阳江河　汪晖
《三峡好人》：故里、变迁与贾樟柯的现实主义

编者前言

中国独立电影访谈录

欧阳江河

以第五代导演为中坚的"中国新电影运动"兴起于20世纪80年代，这不仅是中国电影史上、也是世界电影史上一个非常重要的电影事件，它引起了世界各国电影史家、影评家、观众异乎寻常的关注，并且获得了非常高的评价。但这样一个电影潮流在经历了不到十年的短暂兴盛之后，很快就归于没落。第五代导演如今要么不再拍片，要么热衷于拍大片、商业片。第五代的兴起和没落，这里面有很多复杂的因素，可以留待电影理论界做更深入的讨论。

第五代可以没落，但中国电影不可以没落。进入90年代后，张元、娄烨、章明、王小帅等被人们称之为"第六代"的导演开始了自己的电影生涯。但从电影史的角度看，真正具有决定性意义的中国电影写作事件，是贾樟柯《小武》的诞生。自90年代后期《小武》问世以迄，贾樟柯、王超、李杨、朱文、李玉、韩杰等第五代之后的导演，引人注目地登上了中国电影的历史舞台。将这些更年轻一代导演的崛起，放在中国当代电影的大形势里，尤其是放在第五代整体没落的历史趋势里考察和评价，其深刻的电影史的意义才能够真正凸显。以贾樟柯为代表的青年电影人群体，在对现实和电影的理解上，在电影美学的追求上，不仅与第五代导演截然不同，与第六代导演也大异其趣。他们以自己崭新的、充满活力的电影创作实践，证明中国电影还有出路，还有新的空间，还有新的可能。在他们身上，我们看到了中国电影的希望。

贾樟柯群体出现的另一个背景，是近几年迅速兴旺起来的中国商业电影。既然中国今天已经融入全球化市场社会，拍商业片，拍大片，以电影来谋求高额利润，是必然的，是正常的市场行为。问题是一个像中国这样的大国，其电影文化会不会完全被商业电影统治？除了商业片之外，还有没有别的电影能够存活，还有没有电影探索和实践的多样性？能不能有一批导演，不进入商业片制作的场域和序列，为严肃的艺术电影开拓出一块足够的空间？对第五代之后的青年导演来说，答案是肯定的——这当然很难，不仅是我们中国，甚至在法国、德国、意大利等堪称老牌艺术电影故乡的国家，也都非常困难。从九十年代中期以来，一批献身电影的中国年轻一代导演，在艰难的、执着的电影创作过程中，逐渐形成了对新的中国独立电影的共同理解，形成了一种共同的倾向和追求，那就是以影片关注现实，记录现实，呈现现实，介入现实。他们的电影实践因而获得了第五代、第六代导演所欠缺的那样一种融见证与思考于一体的影像质感、史诗目光以及叙述语言的当代性。此一趋势，在全球电影界引起了广泛的、持续的关注。贾樟柯的《三峡好人》于2006年获得威尼斯电影节的金狮奖，这可以看作是全世界电影人对中国年轻一代独立电影人所致以的敬意、表达认同的注目礼。这部影片的成功,不可忽视的一个意义是,把这样一个电影潜流,这样一个青年电影人群体,一下子放在聚光灯下,从此被社会所关注,也从此被社会检验。

这样一群中国青年导演,他们的电影写作,他们的种种思考,洞见,梦想,追求,探索,实践,劳作,奉献,突破,在中国电影史上,在观众和读者眼里,以及在电影美学和电影理论的专业研究领域里,应该获得怎样的评价,解读,定位,命名?问题有待提出,讨论有待深入。一个中国电影史上新的命名呼之欲出。如果我们将这个命名放在世界电影进程的历史层叠中去提出,是否能在一定程度上赋予中国青年电影人群体的电影实践以"意大利新现实主义电影""法国新浪潮电影""德国新电影""伊朗新电影"一样的世界电影史身份,以及相应的位置和影响力?

"是"还是"不"?赞美还是质疑?可以说,本书最初的设想和起点,就处于这两极之间的张力和某个变量之上。十位年轻导演的访谈构成了本书最重要、最独特、最敏锐的部分。这些访谈,其对电影本义、对电影与现实的关系之深度追问,其美学见解和个人声音之多样化,其真实感,现场感,直接性,信息量,处处洋溢着我们这个时代特有的生气、活力、曲折、坚定、开放性。在某种意义上,这些访谈不仅是对中国电影现状的反映,折射,理解,它们直接就是现状本身。

谈及中国独立电影现状的基本困惑,有人会说:这样的电影拍出来了,但不知道观众在哪里。也有人会说:观众是通过盗版DVD、通过21寸或29寸大小的电视屏幕观看这些电影,而它们本是用35mm胶片所拍、为大银幕而拍的电影。中国观众在国内电影院里很少有机会看到、或根本看不到中国的独立电影。而这些电影则正在欧美艺术影院的大银幕上持续放映。多年前,葡萄牙著名诗人佩索阿(Fernando Pessoa)曾经写道:"没有必要专门从里斯本到伊斯坦布尔去看美丽的落日,两个落日一模一样。"问题是21寸的DVD落日与35mm的胶片落日真的不一样。难道中国观众在国内注定只能看到DVD版的贾樟柯、王超、李杨,难道要看他们电影作品的胶片真身,真的要飞上十来个小时,到美国、到欧洲去观看吗?

如此费解、如此荒诞、如此昂贵的中国独立电影之天路历程,此中所包含的悲哀和无助,又哪里是一本正经去讨论什么传播媒介和传播途径问题、市场问题、娱乐产业问题、电影生态问题所能触碰到的。

中国有如此之多的梦想电影、热爱电影、献身电影的人,也许每个人都应该扪心问一问自己:电影的秘密的、珍贵的、痛的神经,难道真的无以触碰吗?

它们,密布于本书这十位年轻导演访谈的字里行间。

一 访谈

贾樟柯 & 侯孝贤

相信什么就该拍什么

访谈人:侯孝贤　贾樟柯

时间:2006年11月底

地点:台北诚品书店

《三峡好人》呈现了当初拍《小武》的能量

侯:《三峡好人》跟纪录片《东》是不一样的?

贾:不一样。本来是先拍《东》,拍了十来天,又想拍故事片。

侯:是因为接触到那地方,才开始有动力?

贾:对。因为拍纪录片的过程里,每天晚上睡觉都有好多剧情的想象。那地方、那空间、人的样子,都跟我们北方不一样,生存的压力也不一样。在北京或者山西,人的家里再穷也有一些家电,有一些箱子、柜子、家具,三峡是家徒四壁,基本上什么都没有。

侯:我想象中也是这样,先接触,之后开始有想法。我在《小武》里看到你对演员、对题材的处理有个直觉,那是你累积出来的,但《小武》受到重视后,你想一股脑把想过的东西全呈现出来,就把人放到一边,专注到空间、形式上

《三峡好人》电影剧照

去,反而太用力、太着急了。不过到《三峡好人》又是活生生的人,是现实情境下的直接反应,这反应呈现了当初拍《小武》的能量。你变了,回到从前了。

贾:《小武》到《三峡好人》之间拍了三部片,我是有种负担感。《小武》里面,我特别关心由人的生理性带来的感动,之后,基本上考虑人在历史、在人际关系里的位置,人的魅力少了一些。到三峡之后,阳光暴晒着我们,对天气的直接反应都能帮我把丢失的东西找回来。特别是去了拆迁的废墟，看到那里的人用手一块砖、一块砖地拆，把那城市给拆得消失掉。镜头里的人感染了我，我在大都市里耗掉的野性、血性，回去一碰，又点着了。好像在创作上点了一个穴，原来死的穴道又奔腾起来。

侯： 所以，创作光自己想象不够，还需要现实。我的情况跟你不一样。《海上花》之后，我等于是等人出题我来应。应题的意思就是，你不知道你现在想拍什么，也无所谓拍什么，但你有技艺在身、累积了非常多的东西，所以人家给个题目，你就剪裁这个题目。从创作上来讲，这阶段也蛮有趣的。

生命印记，讲出来就有力量

贾： 在我学习电影的过程里，《风柜来的人》给我很大的启发。1995年我在电影学院看完那部片之后，整个人傻掉，因为我觉得亲切，不知道为什么，像拍我老家的朋友一样，但它是讲台湾青年的故事。后来我明白一个东西，就是个人生命的印记、经验，把它讲述出来就有力量。我们这个文化里，特别我这一代，一出生就已经是"文革"，当时国内的艺术基本上就是传奇加通俗，这是革命文艺的基本要素。通俗是为了传递给最底层的人，传奇是因为没有日常生活、没有个人，只留一个大的寓言。像《白毛女》这种故事，讲一个女的在山洞里过了三十年，头发白了,最后共产党把她救出来……中间一点日常生活、世俗生活都没有,跟个人的生命感受没有关系。但是看完《风柜来的人》之后,我觉得亲切、熟悉。后来看你的《悲情城市》,虽然"二二八"那个事件我一点不明白,看的时候还是能吸进去,就像看书法一样。您的电影方法、叙事语言,我是有学习、传承的。

侯: 创作基本上跟你最早接触的东西有关,你的创作就从那里来。像我受文学影响很大,因为开始有自觉的时候,看的是陈映真的书。《将军族》《铃铛花》《山路》,讲的是白色恐怖时期,受国民党压制的人的状态,所以我对历史才产生一种角度、一种态度。但这时期对我来讲,过了。过了之后,我有兴趣的还是人本身。拍完《海上花》之后,我想回到现代,记录现代看人的角度,《千禧曼波》《珈琲时光》,到最近拍法国片《红气球》都是这样。

调节类型传统与抒情言志

侯: 近来我开始了解到,拍片除了兴趣之外,还有现实。现实就是世界电影的走向,这走向以戏剧性为主。但中国人讲究的不是说故事的form,是抒情言志的form,是意境,所以我们追求的美学,跟现实中一般人能接受的东西不同。

贾: 在中国大陆也有这个问题,从文明戏过来,中国人看电影的习惯就是看戏,电影是戏。一般普通大众看电影,戏剧性的要求特别高，戏剧的质量他不管，只要是戏剧他就喜欢，情节破绽百出他无所谓，只要是戏剧他就欢心。其他气质的电影很难跟这个传统对抗。

侯： 西方的电影传承自戏剧、舞台，这个传统太强大。就影像历史来说，默片时代还能突破戏剧传统，因它不需要对白，用影像叙事的方式非常自由。但有了声音之后，电影回归戏剧，连编剧都延揽舞台编剧人才，重心完全在戏剧性上。这种情势下，你可以说，我要坚持属于我的叙事方式，这方式在《诗经》里，在明志不在故事，但这要让现代人理解很难，因为他们已受西方戏剧影响太多。现在是这种趋势，没办法改变。不过，假使你理解这个form，还是能在这里找到空间，去调节戏剧传统与抒情言志的比例，这空间基本上就是东西融合了。

用最简单的方法，讲最多的东西

贾： 我觉得电影这个材料也不断受到新发明影响，比如说DVD、电子游戏、卫星电视。像我看台湾的电视，觉得丰富多彩，有各种案件、政治人物的冲突，整个社会已经那样戏剧化了，你怎么做电影呢？好像没必要看电影了。但我看一些导演也能找到方法把自己的意识结合到类型电影里，把自己的东西用类型来包装。毕竟类型元素有很多是很受欢迎的。

侯：真正好的类型还是从真实出发的,最终要回到真实。

贾：我记得上次在北京,您谈到一个东西我印象很深刻,就是"用最简单的方法,讲最多的东西"。我自己的理解,所谓最简单的方法,就是去掉跟普通大众之间不必要的鸿沟。

侯：对,就是直接面对。叙事的焦点咔嚓一下抓到,变成一种节奏感,反映你对事物观察的吸收跟反思。不过,我感觉"简单而深邃"很困难。简单,所以人人看得懂,但同时又意义深远,这不容易。

贾：简单就是形式上的直接吧。比如我们看20世纪40年代末意大利新写实主义导演的作品,它们跟公众的关系就很密切,公众都很喜欢看,像《单车窃贼》这样一部影片,就证明公众接受的东西跟深邃内涵是不矛盾的。费里尼(Federico Fellini)的《大路》也有容易被普通大众接受的部分。但总体来说,我们对电影主题和形式的考量,是有太多迷雾在里面。必须重新找到一个直接、简单的方法。

还原最初的简单心态

贾：您怎么看台湾新导演的作品?

侯：他们从小看很多电影,所以一拍电影就迷失在电影里,变成拍"电影中的电影",确切的生活和感受反而知道得不是太多,不清楚自己的位置。其实也不全是位置的问题,就是不够强悍，随时会在形式、内容上受到影像传统影响。要是够强悍，相信什么就该拍什么。

贾：这是一个普遍的问题。我开始工作的时候差不多是第五代导演开始转型的时候，在中国有很多纷纷扰扰的争论。那时在大陆，电影的文化价值被贬得一无是处，基本上就在强调工业的重要性，特别是投资多少、产出多少。我觉得悲哀，因为一部电影放映以后，人们不谈那电影本身要传达的东西，都围绕着谈跟产业有关的问题。所以我觉得做导演"有主体"很重要，要有一个强大的自己，不被其他东西影响。电影最初就是杂耍，杂耍就要有游戏感，从事这工作得为快感，不为太多背后的东西，还原最初的简单心态。这说起来简单，做起来难，像您刚说的，我也是从《小武》到《三峡好人》才又重新找回这种感觉。

> 本对谈由诚品书店蒋慧仙、毛雅芬企划，初稿《贾樟柯×侯孝贤——拍电影得为快感》，原刊《诚品好读》第七十二期。

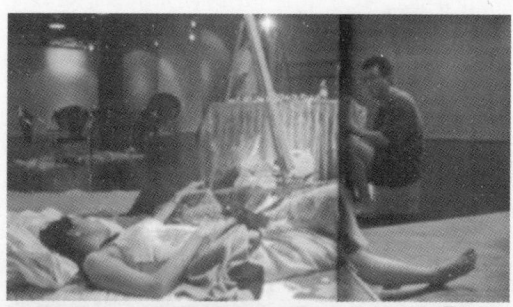

《东》电影剧照

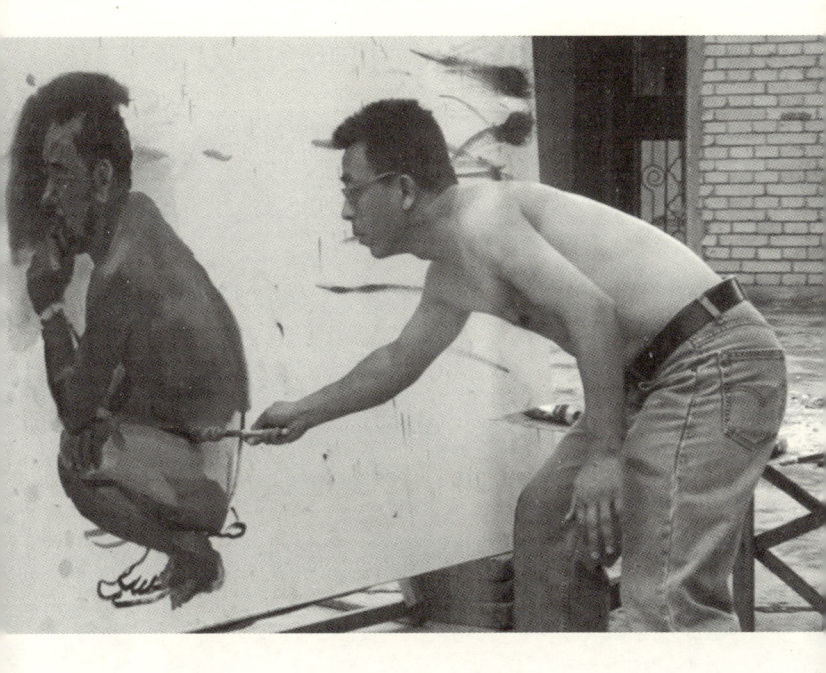

王超 & 戴婧婷

我愿意自己的作品被归入"中国现实主义"流派

《安阳婴儿》电影海报

关于《安阳婴儿》

访谈人：戴婧婷　王超

戴：《安阳婴儿》引起了两种截然不同的反映，一种认为它很真实地表现了中国底层人乃至整个社会的生存状况，一种则批评它过于刻意生造，编造痕迹过重。你如何看待这种分化的反响？

王：我觉得这很正常。造成这种局面也有多方面的原因。第一是它没有在一个电影院的环境下放映，在艺术的接受上就很成问题。这是一个拍给电影院的影片，也很注重电影的视听语言，如果不具备一定的条件，就无法达到我所提供的那种原态。而参与讨论的人有的还没看影片就受到了某些报道的影响，观看的人也带着各种各样的观念前来，甚至包括对独立电影方方面面的成见，这就形成了一个多元的情况。不管怎样，《安》导致这样的结果，其

《安阳婴儿》电影剧照

本身就是好事,提出了很多值得思考的问题。令我感动的是在那种简陋的条件下,仍有相当一部分热心的观众能够看懂并且深刻地理解。

戴:对,在众多独立电影中,《安》引起百家争鸣的大规模讨论,这本身也是一种成功。

王:它带来了《安》所能够代表的某些独立电影的特征性问题以及电影以外的问题,已经超越了影片本身。这一点非常有价值。

戴:一种观点提出某些情节和人物塑造已经抽离了"底层",是导演主观想象臆造的产物。

王:我认为这部影片更多的是一个有寓意的作品,它自然是有批判现实的力度。但我们对纪实的理解不应该太狭隘。这并不是一部纪实的作品，它只是利用了一点纪实的手段。我所追求的是在纪实、象征、表现之间达成一种平衡的局面，或许基于纪实的基础，但不是纯粹的纪录片或纪实性故事片。它由纪实上升到表现，最终指向于象征。

戴： 我认为影片的故事很具有戏剧性，只不过被放置在一个贴近现实的背景下了。而你所采用的叙述方式是有节制的、隐忍的，这与故事本身的戏剧化之间产生了强烈的张力。你为什么追求这样一种风格？

王： 文如其人。我愿意、也只能做成这样。我是以这种方式来思考的人。其实在当下的中国社会，产生的很多事情已经远远超出了艺术的想象力，我常常对中国每时每刻发生的那些高度戏剧性的事件感到惊叹。

戴： 生活比电影更电影。

王： 对。在这样一个时代，所谓的"日常"是否还是那种流水账式的"日常"呢？我想达到的是戏剧中的日常，日常中的戏剧。在故事与童话、神话之间，故事与戏剧、寓言之间，我都是对后者更感兴趣。我可能会赋予作品一个纪实的外壳，深入进去，你能看到一个戏剧化的故事，再深入一步，我的抱负是让你看到一个寓言。张力就是这三者间的张力。

戴： 电影是对生活的提炼和浓缩。

王：可以说是非常强的浓缩。我也从事文学创作，表达什么对我来说很重要。我在创作之初，不是先有一个故事，甚至连纪实的影子都没有，完全是源于纯理念，源于我对中国这个时代的思考。如果把婴儿比喻成一种人性之初的状态，那么弃婴就是丢弃这个状态。我想看看，在当今时代，把这种状态抛弃，会有什么样的出路？还有没有救？还能不能起死回生？正是围绕这个观念产生了故事，然后又选择利用纪实的形式。但在结构上，可看出是高度戏剧化的悲剧结构，我愿意让它趋向于悲剧。

戴：在对《安》的评价和讨论中，"现实主义"是一个经常被提及的名词。而在中国，现实主义被反复阐释、又被反复误读，你如何理解现实主义？

王：近年来中国所谓现实主义、纪实色彩的影片比较流行。这里面有好的讯息，觉得我们过去有太多被遮蔽了，所以我们应该到生活中去，直面生活的原生态，用镜头的客观性进行还原，来冲破蒙蔽。但另一方面，我认为这也透露了一种并非正面的信息：即我们在现实面前是无能为力的。因为缺乏洞察力和穿透力，就只能记录。这种无助感就导致了那些试图利用结构能力去洞穿现实的作品，就被人视作不现实。我以为真正的现实主义是不回避两点的，一是真正的纪实，自然主义；二是对现实的洞见和概括力。

戴：也就是说有深层与表层之分。一部分所谓的"现实主义"实际上是流于表层的皮毛，仅仅浮于现实之上。

王：不只是电影，这是中国文艺所面临的普遍问题。拿文学来说，对现实的苍白无力感在不少作品中都存在。那种貌似熟练地在现实层摸爬滚打，似乎很亲近，但又让我觉得很可悲。

戴：虽然紧贴生活，但只能停留于表面现象的呈现往往透出一股无从把握现实的焦虑。

王：对，这是我希望《安》避免的。我觉得法国的影评人说得很准确：这是一位男人先遇到一个情况，渐渐地把这个情况变成了一种现实的故事。确实，一开始只是一种情况，一个事件，然后让它形成一种现实，并且担当了这个现实，最后我还要试图超越现实。

戴：即用一个偶然的问题折射出普遍性的状态。

王：以偶然形成趋向人类共同性的必然，这一必然涉及人性，涉及人性的希望。《安》结尾冯艳丽的幻想表露出升华，但这种升华是开放性的。它没有清楚地指定究竟那个理想的终点是什么，我没有告诉观众，我也不知道。我明确的一点是：升华是我们必需的。

戴：通常看到一部不断粉碎希望的电影在结尾带上一抹亮色，我会觉得这是导演的一种不忍。

王：在我的原著小说中是没有的。本来是冯艳丽一直没哭，但她被关在黑暗的车厢里哭了出来，号啕大哭。但拍摄电影时，我重新思考了这个问题，丝毫没有刻意的，就极其自然地引出了现在的结尾。这是我对作品的再度认识，在技术层面上也使它更电影化。冯艳丽幻想出那样一种超现实，是一个非常自然的超越。我相信这是一种能力，人类一定具备这种能力。只要不回避自我，不回避现实，就一定有超越的能力。

戴：即使在最苦难的地方，也有那么一点点希望，支撑着人活下去。犹如一道黑暗之光。

王：对。

戴：实际上我们长期缺少对底层落入实处的关注，现在平民、底层电影成了一个热门话题。你的电影也被列入其中。那你是希望从哪个角度切入底层呢？

王：和我本人的经历有关。我出身于工人家庭，我自己也做过工人，更目睹了许多身边的朋友下岗失业。我曾考虑完全以于大刚一个人为主来结构整部影片，如果做出那样的选择，其实就决定了要写我的记忆，以及对它的丰富和戏剧化。因为这个人物身上有我的体现。但我后来觉得这会形成一种自恋。我担心我对下岗工人的记忆，以及对这种记忆的自我关切，变得非常没有节制。

戴：有可能变成自怜。

王：对，所以我就抽离开来。人在这个社会中不是独自活着的，而是处于共生状态。底层社会更加依赖这种共生状态。实际上我是后退了一步，就看到这一情况。

戴：就是说希望将之作为一个引子，能够以此牵带出更多更深的东西，而不是就此停在自传的层面。

王：一方面片中几个主要角色有不少我个人的影子，我很容易把自己放在于大刚的位置上设身处地地想如何应对种种事件。但另一方面我又时刻意识到还有几个人和于大刚共同生活在一起，是一个相互联系的结构。如果没有其他人，于大刚的生命就不可能那样发展。他的人格是在被动与主动之间。我把自己投放到这种处境当中，其实是在考虑自我的处境，人的处境，人究竟应该何去何从？回到你刚才提的问题，我就是以这种方式来处理自己与底层社会的距离。它跟我很近，我不想这么近，不想陷入自怜中。我觉得作为一个具体的、有血有肉的底层工人，他其实是不需要怜悯的。他很会照顾自己，他所做的一切都很尊严，值得尊敬。他无须知识分子投之以所谓关怀。

戴：他有自我救赎的能力。

王：他一定是有能力的。他的每一步都是基于生存的本能，很自然地往前走，他并不感到自己需要别人的同情。所以当我的镜头面对他们时我会极力克制，必须克制。我对小说和剧本不满意的就是节制得不够，多少流露出"他们是需要关怀的"之类感觉。这很容易被汉语文字带出来，而在电影中我可以借助摄影机本身的冷静与距离感来造成这样一种张力，以达到我所希望的真正的态度。

戴：落点都是底层，但视角的不同却会产生完全不同的结果。有的导演虽然也把目光投向底层，但以居高临下的姿态去

《日日夜夜》《江城夏日》电影海报

看待，却未必能抓住实质。

王：认同很重要。其实我们没有资格对之施以同情。

戴：必须把自己带入那个情境中，设想他们将怎样行动。

王：我和我的角色之间是一种相互推动的关系，我用我的人格动力推动他，我在自我选择，有时候则是于大刚帮我选择。也就是说我们之间是平等的。当然又要避免我们完全重合起来。其实一开始就不应该把调子只定在"关怀底层"的概念上。我的电影本质上不属于这一范畴。

戴： 片中那些人物具有底层的身份，但这一身份并不重要，你不是用"身份"，而是用那些有血有肉的人来表明中国社会的状况。因此你也不会因他们所具有的身份而局限自己的表达。

王： 对，我真正关切的不是对底层社会的关怀问题，我觉得中国缺乏的是对人的关怀。后者比前者要大。如果首先没把"人""人"的姿态确立起来，所谓"底层"与"上层"的分野是没有意义的。我认为文艺讨论无须总围绕着"底层"的概念打转，尤其是当"底层关怀"成为一个问题、一种时髦时，我会产生疑虑。其实谁又不在底层？我感到自己比于大刚这样的人物更阴暗，他们在现实面前至少有担当的能力，像我这样的知识分子已经丧失了这种能力。就是说先别区分"他们"和"我们"，大家都是一样的。我拍这部电影也是为了做一个自我参照、自我警醒，想看看我还是不是"人"，我还能不能像人一样去塑造自我。我更多地在检测这个问题。

戴： 听说你很崇敬罗伯特·布列松（Robert Breson），从你对"人"这一问题的重视来看，我想到他说的一句话："我所苛求的不是真实的人，而是真正的人。"这是不是你追求的方向？

王：是的。我对布列松在电影中阐释"人"的观念非常信服，另外他在电影美学上的思想我觉得很接近东方的"禅"，这一点尤其令我惊诧。我在想我们在东方电影美学上的思路是不是过于认同小津及侯孝贤了。这无疑是一个方向，但东方文化也不仅止于此，不是一元性的。而布列松虽然是西方人，但他的电影时空构成，对空白的省悟，及美学精神的自律，却很有东方意味。

戴：我看过他的《乡村牧师日记》和《金钱》，那种禁欲主义的简约风格令电影异常具有凝练的力量。和你的影片颇为相似。

王：或许中世纪经院神学和大乘佛学的精神，在他的影片里有神遇一刻。

关于《日日夜夜》

戴：我们再来谈谈《日日夜夜》，这是您的第二部电影，你为什么选择这么一个故事。

王：因为这个故事阐释的是人性的弱点及其不可知，是人对其自身的反思；展现的是人对其自身命运痛苦而顽强地把握及超越的愿望。我正是想以此为切入点表达我对转变中的中国的沉思。

戴：电影说到一个矿工从工人到矿主的发展过程，对您来说，这是一个什么主题,为什么要选择矿工的世界?

王:我想通过一个国有煤矿的矿工转变成为一个私营煤矿矿主的过程,展现中国从公有制经济向私有制经济的逐渐转变。煤矿是中国公有制工业经济的一个象征,在当今中国,煤矿及其矿工命运的转变所付出的代价是最为沉重的。另外,处于壮丽大自然中的孤独并经历生死的煤矿及矿工也呈现出它们应有的悲剧美感。

戴:电影的力量是主要人物的犯罪感,导致他失去了性能力,为什么把犯罪感作为电影的动力来源?为什么选择性作为他犯错的代表?

王:因为影片的主题正是人的赎罪及其赎罪的失败,是人的忏悔及对忏悔的质疑;是对人性的批判及关怀。犯了罪,意识到罪,去赎罪,但赎罪的结果是再犯一个相同的罪,只因为是人,只因为人有生死,更有情欲,所谓犯罪正是人类意识到自身困境的现实感,而性正是所谓人类原罪的出发点和目的地。不是我们选择性,而是性选择我们,使我们踏上了原罪的不归路。性及其权力的历史变化也是根本的人及其权力的历史变化,比如中国转型期中的一个矿工成为矿主的性史或许挑明了重重遮蔽后的中国人的历史,这包括他的古代与未来。

戴:为什么选择内蒙古这样一个远离今天发展的中国的地方作为外景地?

王:内蒙古地区正是中国第二大产煤区,第一大储煤区,又因为这不是一部纪实性的故事片,选择内蒙古更出于美学原则,选择那个地方的山水、草原、地质特征、颜色、空气、云和风。也为了适应和增进影片来自现实又超越现实的寓言及中国诗风格。

戴: 您怎样选择主要演员?您怎样和他们合作?对您来说和职业演员与非职业演员合作有什么不同?

王: 对我来说,选择演员不是选择演技。影片里的主要演员大多是新演员,有的是非职业演员,我从没有试过他们的演技。我只选择气质和形象,选择他在今后影片风格里是否具备美感和力量。拍摄时,我控制演员的一切,尤其是节奏、声调及气息,让这一切听从角色的内心,我因此而让演员表达角色的心灵,而非戏剧。和职业演员合作,使我能更准确、更生动地去体现影片风格。

戴: 这部电影作为您的第一部能在中国发行的电影是否重要?这对您来说代表着什么?

王: 确实重要。作为一名中国导演,我非常希望看到自己的电影能在自己的国家影院上映。就像我少年时代的一个梦想,拐过街角,看见不远处的影院门前排着长队,再抬头,就看见了自己导演的电影的海报,主角儿就是我梦中的女孩。这意味着一种正常、公平和幸福。

戴: 你怎样看待你的作品的美学趋向?在所谓第六代中你似乎更有异于他人。

王：由于我同时是一名小说作者，青少年时代爱上电影之前，先爱上了写诗。所以，电影对于我来说，首先是一种写作，是一个中国普通知识分子的美学及人文表达。然后，我又是布列松、小津安二郎及英格玛·伯格曼（Ingmar Bergman）的影迷，他们所建立起的现代电影形式观念，也同时是我的电影信念，而作为一名中国导演，我又有信心和责任为电影艺术注入中国文化的精神，让电影呈现传统中国的美感。

戴：和《安阳婴儿》比较，您怎样看这部电影？

王：如果《安阳婴儿》更多描写的是人性的外部现实，那么，《日日夜夜》更多描写的就是人性的内部现实。和《安阳婴儿》相比，《日日夜夜》向我的纯粹电影的梦想更前进了一步，即使面向未来，《日日夜夜》也将是我表达中国文化及美学精神最充分和恰当的影片之一。

关于《江城夏日》

戴：最后谈谈你最近完成的电影《江城夏日》，英文片名叫 *Luxury Car*，这是你的第三部电影，这三个电影似乎形成了一个整体？

王：这是我创作计划中的"中国三部曲"的最后一部，前两部是《安阳婴儿》和《日日夜夜》，《江城夏日》一样延续了我在前两部电影中对中国当代现实及其历史和政治寓言的

《江城夏日》电影剧照

批判与思考。而中国当下的贫富差距,民众与幸福的距离,他们的过去、尤其是他们的今天与社会体制的潜在冲突及矛盾,和他们是否有希望,这些我同样作为他们其中的一分子而日益感受到的沉重和尖锐使我决定拍摄这部影片。

戴: 在辽阔的中国,父母失去子女消息的现象是否很常见?

王: 每个国家都有不同的父母失去子女消息的现象,每个这样的现象又各自有不同的个性。在《江城夏日》里这个现象映衬出中国当下广大农村的民生背景——一些家庭因社会结构的急剧改变而引发破裂,因为农业土地的日渐减少及其家乡的贫困,他们的子女

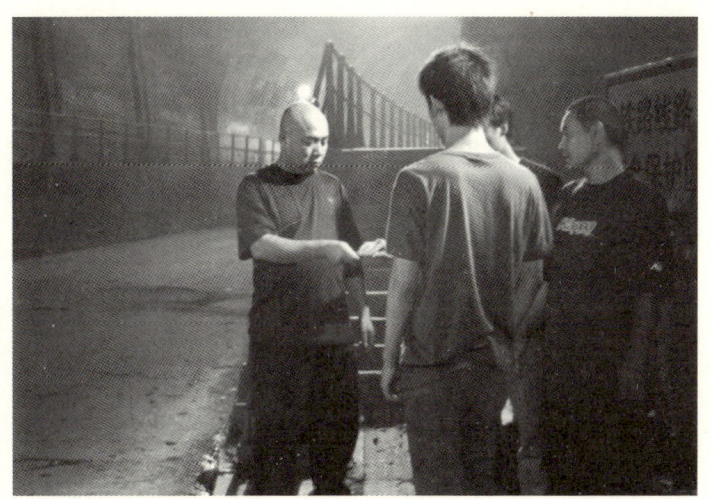

《江城夏日》电影剧照

向城市盲目奔涌中的姿态显得渺小而又悲壮。影片中父亲的寻找寄予着我对他们的关切和祝福。

戴: 电影的动机是否为家庭关系?现今中国亲情关系的演变你怎样看待?

王: 电影的动机应该是借助家庭关系的紧张及其心理戏剧来观察和思考今天的中国的变化。社会体制的转型,工业的扩大,农业人口和土地的减少,大量的青年农民进入城市,失业以及社会保障与福利的欠缺,这种种紧迫的社会问题每时每刻都在渗透、影响和冲击着每一个当代中国的家庭,所带来的是家庭内部中国历史文化传统的亲情结构发生了动摇,并在经受着前所未有的严峻考验。和所有已经工业化，及正在全球化的西方国家里曾发生过，也还在发生着的一样，中国的亲情关系因社会的急剧转变正不可回避地遭受着冷漠、疏离、挫败及无能相助等不良情绪的袭击。我正是想通过影片中的父女关系及父子关系来经受这些新的艰难的形势，试图用最后的亲情去做最后的抵抗。

戴： 父亲的态度的刻画是否代表着中国家庭的变迁？

王： 是的。当代中国的急剧变化给农村家庭带来的冲击要比城市家庭大，因为农村比城市更传统，更缺乏制度性保障。农村民众失去的要比城市民众失去的更快、更多。而又因为缺乏教育，他们大都来不及做好准备去接受新的冲击，更没有迅速调整心态及更好地去安排新生活的能力，所以，当一些新的困难来临时，他们就只能去接收、去承受、去忍痛承担下来。父亲态度的刻画是在艰难地展现一种承担方式，尽管这一方式让人性及人情付出了沉痛的代价，但是在一个陌生的困境中，父亲以这个方式终于承担了自己的苦难，并依然在这个时刻给予已成为妓女的女儿以含蓄而深沉的爱——一种试图以对美好亲情的共同追忆和追寻而执着地表达出来的对儿女的爱、对家庭及家乡的爱。

戴： 此部电影与你前两部电影相比较位置如何？怎样的区别驱使了这部电影的创作？

王： 幽默点讲，这部电影似乎像是我第一部电影《安阳婴儿》的前传。因为本片的结尾女主人公李艳红生下了一个婴儿,而这个婴儿的未来是否就是《安阳婴儿》呢。在前面我还说过,本片又与我前两部电影一起共同完成了我的"中国三部曲"的创作。而这一次,拍一部让大众都能普遍接受的作者电影是我在创作前为自己确定的目标。

戴: 你的作品在现今中国电影中处什么样的位置?你对于今天中国电影发展持什么样态度?

王: 我非常愿意自己的作品被人归入所谓"中国现实主义"流派,因为,作为一名中国导演,中国的当代现实是他有责任去直面和承担的。而同时作为一个电影作者及小说作者,我又显然不满足于只是观察和思考现实问题。在"中国三部曲"中,尤其在其中的第二部《日日夜夜》中,我更倾向于对人性的幽暗和对人类荒诞处境的东方式探讨,包括了《安阳婴儿》和《江城夏日》,我更愿意表现的是人对于苦难的承担,以及救赎和希望是否存在。而这样的电影在中国创作颇为艰难。对中国电影的发展我不持乐观的态度,但永远不放弃信心,并为之努力。

戴: 你有关于新片的计划吗?

王: 正在写下一部电影的剧本。预计明年下半年拍摄。片名暂定为《可以重来》。一个每一个人或许都不愿意、或都只愿意在一部电影里去尝试的爱情故事。

附录：电影随笔一则

春天的节日 王 超

春节，是中国人一年中最重要的节日，它在冬季的最后几天，春天快来的时候。去年春节我没有能像大多数中国人一样回家和父母团聚过节，我没有休息，正在北京紧张地工作。

我至今没有结婚，去年又跟女友分手，父亲母亲为我担忧，总盼我早成家，为他们生个孙子，而我一直没完成这个任务。我父母的家在中国南方，一个美丽的古城——南京，我15年前就离开了家乡到北京来上大学，然后拍电影。2001年拍摄《安阳婴儿》以前，十年的时间我只回家乡两次，因为工作忙，也因为事业上没有做出什么成绩，不好意思回家见父母。2001年春天回家乡，却是因为《安阳婴儿》入围了康城影展导演双周，按照中国的法律，我必须回到自己的出生地办护照，为了要出国。那一年回家，才突然发现多年以后我的父亲母亲真正变成了两个老人。我心里感到了难过，我知道他们像中国所有的父母一样望子成龙，但我对他们的关心和照顾太少了。

2002年春节我还是没有和父亲母亲在一起，那时正赶上《安阳婴儿》将在法国公映，我在巴黎配合发行公司做宣传，连续一周的时间和许多法国媒体的朋友们交流。我在巴黎过了第一个中国春节，和我的小说法国出版商An Bolan女士一起，在一家中国餐馆里过了除夕夜。那一刻我想念我远在中国南京我家里的那两个老人，我深知那一刻他们也非常想我，而令人欣慰的是，他们知道他们的儿子此刻正在法国巴黎放映他自己的

《安阳婴儿》电影剧照

电影,这是他们几十年来一直的期待和骄傲。

2003年的春节我终于回到了南京,和我的父母团聚,这距离我上一次和父母一起过春节,已有八年。

去年春节,我正在北京紧张地进行《日日夜夜》的后期剪辑工作。春节前,我打电话给我的父母,说我想抽出三天的时间,回去和他们一起过春节。他们说你要是工作忙,就先忙工作,不要因为来看望他们,而把工作耽误了,多通电话就行了。

接下来的几个月里我一直投入在《日日

夜夜》的后期制作中。春节在北京,我和也是外地人因为工作不能回家乡的录音助理一起,过了除夕夜。我们喝了很多酒,他想他的老婆。北京的工作结束后,我又立刻来到巴黎,和我的法国制片人塞万·博斯坦一起,努力而紧张地去完成法国部分的后期工作。然后,回到中国,一直等待着《日日夜夜》能入围康城的好消息,却把父母给忘了。4月底,得知《日日夜夜》最终没能入围,我的心情不好,更把父母给忘了。

五月中旬,我接到我妹妹从南京打给我的电话,说我母亲病了,患了癌症,我听了一下子很紧张,我妹妹又说,母亲已经动了手术,并且已经稳定了,正在恢复中。我听了并没有放松下来,我问我妹妹,母亲查出是癌症,动手术之前你们为什么不告诉我——母亲这么严重的病情。我妹妹说,这是父母亲商量好的,决定先不告诉我,等动了手术后,没有危险了,再跟我说,他们怕我听到母亲患癌症的消息后,会紧张不安,会影响到我正在做的工作。

这件事情给我内心的触动是微妙而巨大的,它让我想到自己离开家乡15年以来,我的学习和工作的意义在母亲重病,尤其在我父母为了使我能安心工作而对我隐瞒母亲患癌症这件事情面前,究竟有多大。2000年至2001年我创作并拍摄了影片《安阳婴儿》,这部作品曾被认为对中国土地上的人们表达了高度的同情和悲悯,但2004年的5月,我母亲的癌症手术之后,我终于发现我并没有去关怀我最亲近的人。由此,我甚至开始质疑自己那部所谓关怀他人,以及关怀人民的作品《安阳婴儿》的诚意。我不是一个好儿子,但我有一对好父母,他们像全世界所有的父母一样，望子成龙，但都同时努力隐藏起自己的渴望和忧伤、衰老及死亡。而我甚至都不能给他们一个遥远的安慰——我离开陈凯歌的工作室独立拍片以后，至今也没有一个固定的工作单位、固定的家庭地址，又不常打电话给他们。那时候我常想，如果有一天我在北京突然失踪，父母还真的不知道怎样去找我，他们即使到了北京，也必将彻底茫然。

由我自己的生活及其可能，由我的父母，想到所有那些已经失踪的年轻的生命，和已经失去儿女的父母——我决定拍摄影片《江城夏日》。在写作这个剧本的某些时刻，在北京我临时租住的房子里，我独自一人，哭出了声音。

这个电影就是讲一个来自大山里的父亲，到城市，寻找他失踪的儿子。因为，他的妻子患了癌症，就要死去；而临死前的母亲想见儿子一面，所以父亲来到了这个城市。他和他并不知情的已在这个城市做了妓女的女儿一起决心一定要将儿子领回家。

今年春节，我回南京，见到母亲，她已不仅仅是一个老人——因为正在接受癌症治疗，她的头发已全部掉光。她从箱子底翻出她年轻时给外婆编织的毛线帽子，给自己戴上，还很合适，我说："妈，你戴帽子挺好看的。"她听了，笑了，竟是那么天真，我低下头，没让她看见我眼里的泪水。

谨以此片献给中国大地上所有那些失去儿女的父母，及已在天上的年轻的亡灵。

更献给我的父亲和母亲。

2005年7月9日

李杨 & 刘辉

电影的意义

访谈人：刘辉　李杨

刘辉前记：与《无极》《英雄》《十面埋伏》等在海外市场流行的华丽空幻、着力打造东方视觉奇观的中国传奇不同，《盲井》展现了没有任何伪饰的自然主义、现实主义的中国影像。李杨导演用纪录片般的写实手法，自然本真的群众演员表演，冷静平实的语调，讲述了一个巨变中的国家惊心动魄的故事，尖锐地触及了在中国改革开放的进程中，没有获益甚至被损害的底层人民的生活。思想表达与电影技巧的有机结合，使这部影片有着坚实的质感；影片所反映的社会、政治、人性等问题，也在世界各地引起了广泛关注。然而，与《盲井》在国内外的反响相比，蛰居北京的李杨导演实在是安静而低调，他并没有对自己的影片做过多地阐释。2006年秋天，经过充足的准备，李杨开始第二部电影的筹备工作。"五年磨一剑",《盲井》后的读书、学习、思考,使他如何看待自己的电影?他的新电影又会面对什么问题?带着这些好奇,我采访了李杨导演。

历史与经历

刘:首先,请讲讲您的经历。在您的成长过程中,什么对您的影响最深刻?

李:我1959年出身于一个演员家庭,我父亲是西安很有名的话剧演员,当时家庭条件还是比较优越的,也比较有社会地位。"文革"期间,我父亲被迫害致死,忽然生活没有了任何来源,而且备受歧视,顷刻落到社会的底层。那时我十三岁,是家中的长子,要承担家庭的责任,童年就此结束了。在巨大的反差中,我体会到最底层的人的艰难生活,还有人在特殊时刻的种种令人惊讶的表现。这种经历,塑造了我的性格和对社会的看法。我是比较执拗和坚强的,因为从小受过苦,所以长大后就不怕什么,还能比小时候更苦吗?所以,我在拍摄电影的过程中,很能"深入生活",到最脏最累最苦的地方。这种经历,对我的艺术创作也产生很大的影响,我会天然地关注社会问题和"真实"的生活。

1978年,为了养家,我放弃上大学,而是考上中国青年艺术剧院当演员,但是我还有学习的愿望,立志做一名电影导演。所以1985年我到北京广播学院学习,我希望自己能一步步走出来,看得更高更远。1987年,我又争取出国学习的机会。而之所以到德国,主要是因为它的大学教育不收学费,我只要打工就能维持生活,可以专心学习。我在德国一共学习八年时间,开始的时候语言不通,考柏林电影学院不被录取,只好先学其他相关专业,例如艺术史、戏剧等,但我的目标一直是电影。最终在科隆电影学院学习。

电影观念

刘:您的电影观念是什么,如何形成的?

李:电影是要承载社会内容的。哪怕你拍一部科幻片、动物片、儿童片,都跟导演的世界观、人生观密不可分。例如日本片《狐狸的故事》,虽然讲了一个动物的故事,但也是导演人生观的折射。艺术家应该对社会和人有一种态度,有责任感,他的态度可能左或者右,这不重要,关键是有自己的看法和倾向性,并在电影中表达出来。

我在中国的经历奠定了我的人生观,我的留学生活、社会思考、个人经历都是我拍摄电影的基础。而导演的人生观,导演表达的思想,才是电影的灵魂。没有思想表达的电影,必然内容空洞,虽然可以拍得很华丽,却只能让大家记住一两个不知所云的画面。

刘:您把电影看成表达自己,并且和世界对话的一种方式?

李：是的。你有太多的人生经历，有太多对政治、历史、社会的思考，希望表达。电影是我可以掌握的一种表达方式和途径，我表达了，会有人感受到，产生共鸣，这就达到目的。但我不能夸大电影的作用，在自由民主社会，电影只能触动观众，而不会改变什么。不会改变政党、社会、国家的颜色，甚至人的生活。你不能指望人们看了一部乡村女教师的电影，城里的女青年就再也不去迪厅，都到乡下支援教育，那种鼓动性，只有在集权社会才可能产生。因为在集权社会，你只能看到一种东西，没有比较辨别，就容易轻信任何一种形式的宣教。

刘：即使发生这样的状况，这也不是电影的力量，而是电影背后政治的力量，电影只是政治的表象和符号而已。

李：是的。但是，电影可以描述，可以反映，可以记录。可以给人一种冲动，引起人们例如对人、对美、对丑恶问题的思考。所以，也不能贬低电影的社会作用，不能把电影作为单纯赚钱的一种娱乐方式。

刘：您是从拍摄纪录片开始的，为什么？三部纪录片的内容是什么？

李：在德国，一个没有经历的学生是很难筹集经费拍电影的，因为纪录片投资相对较少，我可以自己投入，做独立制片，完全自己做主，拿成果去证明自己。我把做好的片子卖给德国电视台，收回投资。

《盲井》电影剧照

这三部纪录片，其中一部是南京大屠杀，历史题材；另外两部片子，是影视人类学方面的内容，都是关于少数民族的。摩梭人的婚姻观念，以及哈尼族对死亡的纪念仪式，我从生活起居等日常行为，反映他们对世界和生活的看法。

刘：您的选择，都比较偏重于边缘人文生态。跟主流话语有较大的距离。为什么？

李：我喜欢历史，也喜欢更本质真实的生活。

刘：您认为什么是"本质真实"的生活？您如何在拍摄过程中发现和揭示您所认为的"真实"？您的这种想法，是不是与拍纪录片的经历有关？比如，思想观念、手法技巧等等。

李：所谓"本质真实"，我认为，不管电影采取怎样的形式和拍摄手法，它的魂魄应该是直指人心的。例如库布里克（Stanley Kubrick）的《发条橙》，有很多虚构甚至荒诞的场景，然而，我们会被深深地震撼。因为他提出的问题如此尖锐和深刻，人的精神一旦被控制会多么可怕，这就是人类社会需要思考的问题，这个问题就是真实的。我反对场面华丽然而没有任何内容或灵魂的假大空的影片。

拍摄的过程是学习的过程，你必须要去试着了解被拍摄对象的生活，当你了解了他们的生活，你可能会清除你原来头脑中自以为是的偏见，学到他们闪光的东西，也可能改变你对人生的一些看法。很多人奇怪，我在国外留学很多年，为什么对矿工的生活这么熟悉。其实，只要想熟悉他们，多关注他们，和他们一起去生活一段时间就可以做到。不是那种自上而下地观看，而是真正去深入他们的生活。拍《盲井》的时候，我发现，他们生活状态并不是很悲哀，他们都乐呵呵，挺开心的。是的，明天下井就可能死掉，那又怎么样？该喝酒就喝酒，该玩儿就玩儿。这是他们对死亡的一种态度。

刘： 《盲井》这部电影打破了我很多对于社会底层的想象。当然这种想象本身也可疑，是被教育出来的。比如在我们现代文学中很多启蒙话语，例如鲁迅，就会认为《盲井》中的人物，是一种麻木不仁的生活状态，需要被唤醒，需要让他们感受到痛苦，这样才能改变社会。但在您的电影里，虽然整体调子是阴暗寒冷的，但在一些场景中，我也看到矿工的顽强和乐天，那么，他们真实的状态怎样？不觉得自己是为生活所迫吗？不为此而痛苦吗？您如何评价他们的生活？

李： 知识分子要对下层人民进行启蒙，这其实是一种自上而下的看法。当我拍摄之前，我也是戴着有色眼镜来想象他们的生活的，想表达他们的悲苦，但是，当我走进他们的时候，实际上是我被教育了。他们当然是生活所迫，大多数人是为了孩子的学费，为了孩子的出路选择下井，可以说他们的生活是有今天没明天，但那又怎样？又能够怎样？生活有很多困难，但是一定要继续下去，所以不必抱怨。他们的态度，会让我们这些高高在上的城里人感到震撼。

我们无病还要呻吟呢。他们顽强地活着，在任何情况下都顽强地生活，包括两个杀人犯。

所以我没有表现矿工多么悲惨，而是用洗澡、打扑克等场面，表达他们的快乐。他们面对困难是乐观的，对生命是达观的。对于他们生活中的困境，他们没什么办法，只能希望自己的后代，能够得到应该的教育，改变命运。

刘：中国文学界有很多关于表现"底层"问题的讨论，您注意过吗？

李：我会很感兴趣。如果你有这方面的文章，请传给我。

中国的变化

刘：您在国外留学多年，其间是否很关注中国的发展变化？当您回国后，什么让您感触最深？给您的艺术创作带来什么影响？

李：当我2001年从德国回来后，中国巨大的变化让我震惊。中国在高速发展，不仅是经济上的飞跃，社会分化也高速发展，人的变化也非常迅速。用一句老话说，就是"人心不古"。过去我们上学的时候不交学费，国家还给补助，现在高等教育也商业化了，没钱的孩子上不起学，这就几乎断了穷孩子的出路。在各个领域，一切以钱说了算。

刘：您如何看待中国的变化？

李：无奈。中国要发展,但发展也带来问题。例如,汽车的发展,带来了方便和舒适,但是,污染、能源问题也随之而来。我希望中国的发展能吸取别人的经验,代价越小越好。这是知识分子和政府要做的事情。要约束人,不能为了钱杀人放火。人有七情六欲是正常的,但不限制不正常。

刘：中国在这十几年的价值观的变化,你会不会觉得原来宣扬的价值观念,例如一心为公、无私奉献等等,都很脆弱,不堪一击?

李：对我来说,任何一种价值观都很脆弱。不管中国外国。因为价值观和道德观都是后天加上去的。而人的七情六欲,人的贪婪、自私、人要吃喝的欲望,是本能,是强大的力量。为什么宗教有那么多的关于衣食住行的规定,其实都是要在生活细节和习惯上限制你、束缚你,因为他们知道本能的强大。二战结束后,德国妇女为了生活,为了巧克力、土豆,可能会跟美国苏联的大兵睡觉,这是道德沦丧的。但是它们社会的肌体还没有破坏,至少他们还知道这是不好的。而中国现在,很多人会把这种行为视为正当。这就是问题了。中国贫困了那么多年,不允许你赚钱。当赚取钱财可以变成一种追求后,多年的压抑爆发出极大的能量,贪欲立现。任何道德都很脆弱,但这并不可悲,可悲的是中国的知识分子在哪?有谁站出来谴责这些东西?谁来代表社会的良心?

刘：您不以为这种私欲膨胀也是现代经济社会、资本主义带来的问题吗？农业社会的人有那么多欲望吗？

李：不是。农业社会也会有这些问题。现在的社会问题是私欲膨胀而不加限制。我们是一个转型的社会，过去的价值观无法束缚你，新的道德规范还没有完全建立。人之所以要有道德标准，是因为要用它来约束你，让你文明地生活，而我们中国人现在只有欲望。《盲井》里，杀别人是为了自己的幸福。他们常说"你可怜他，谁可怜你"，由此建立杀人的正当性。有些官员，有些曾经教育他们的人，自己就贪了好几百万呢。这是从上到下的价值观崩溃。就像父母教育孩子你要这样那样做人，忽然一背脸儿，孩子发现，自己所崇拜的父母，说的做的完全不一样，你让孩子怎么想？任何社会历史上的特殊时期，都会出现没有任何规范的状况。例如罗马士兵耶路撒冷屠城。影视作品要表现这样的东西，就是要告诉大家，这是不好的，请引以为戒。

关于《盲井》

刘：人们说，选择就意味着一种态度。为什么首先选择拍摄《盲井》这一题材的电影？出于哪些考虑？《盲井》这样题材和风格的影片，您今后还会拍吗？换句话说，这影片是不是对您今后的电影有"道路"的意义？

李：刚回来的时候，我对中国不了解，离开十四年了，现实的巨大变化把我一棍子打蒙了。所以我阅读大量文学作品，大概有几百部吧，就是想了解，中国到底发生了什么。直到看到刘庆邦的《神木》，这部小说深深打动了我，它说出了我想说的话。而且这部小说的故事、情节、人物等等，都适合改编成电影，所以我就拍了。但是对于小说，我也作了大量的修改，原来的内容，大概只占到影片的百分之六十。电影改编需要再创造而不是仅仅复述文学的故事，所以我只取其精神而不是结构和人物的处理。我只拍过一部故事片，还谈不上什么整体风格，只有单片的风格。

刘：我认为您的编剧非常成功。它与小说《神木》之间，存在一些差异，这些差异突出了电影的艺术特点。例如，小说可以详细描写父子二人的遭遇，而您截短父亲的经历，使情节紧张简练。又增加了给乞丐钱、邮局、假证件等细节，使人物变得复杂，而环境更为真实。最重要的是，您把故事的结局改变了，使故事更有撼人的力量和真实感，也更深刻，更有悲剧性。

李：编剧获得了荷兰国际文学电影节的大奖。刘庆邦老师并不喜欢我修改的结局。但他给了我最大的信任和自由。让我把自己对生活的看法，对人和事情的判断放在改编的剧本里面。

刘：对于《盲井》中外的评论和反映，都有什么不同的角度和着眼点，各自关注的问题是什么？这些差别又反映了什么问题？例如我，看到的是改革开放后被各种声音淹没、被获利阶层遗忘的底层生活：老板狡猾凶狠，打工者沦为杀人与被害者，孩子无钱上学不得不打工，妓女的坦然与温情，看到生命的顽强，但也如草芥般无声无息地消失。

李：因为电影在国际上获奖，国内有很多的报道。因为电影在国内被认为是非法拍摄的，所以很难在正式媒体上看到评论。国外的评论很多，角度不一样。它们的主要关注点，是社会问题、人性、发展问题、煤矿等等。美国《纽约时报》对我的电影曾做过两次评论，被美国媒体评为2004年全球十大佳片，排第三位；法国《电影手册》也给了很大的篇幅——他们说我是中国的左拉。被法国的电影杂志评为2003年世界十大佳片，排在第二。

国内电影机制

刘：您是在2000年后拍摄独立电影，与20世纪90年代拍摄独立电影的同行相比，外部条件是否发生了很大的变化？

李：外部环境变化不大。我们到煤矿的时候，因为没有合法的证件，很多人对我们非常警惕。

刘：《盲井》在国内公映了吗？

李：国内只有盗版碟，很遗憾。

刘：我们都是买的盗版碟看的。记得从前记者采访您，问是否能放映，您说能放映，您很有信心。

李：我现在仍然有信心。按说应该能放映，但什么时候能放还不知道。国家会越来越开放、平和。现在政府把电影所负载的政治使命看得太多了，电影太长时间都被当作宣传教化工具，这是我们的一种文化。其实不对，电影没有那么大的政治功能。就算电影反映了阴暗的东西，也是让人们警醒而已。美国的电影天天盗匪横行，揭秘揭黑，现实生活照样过得好好的。

刘：《盲井》的投资是否收回？

李：收回来了，在全世界卖得不错。

刘：那独立电影至少还有出路，有一个广阔的国外市场。

李：不是，因为《盲井》毕竟获了很多奖，有一定知名度，但一般来说，发行会比较难。此外，独立电影有很多风险，难以拿到投资。投资人还是希望在体制内拍摄，在中国放映。因为国内是主要市场。我也希望自己的电影能被国内观众看到。

刘：请谈谈您下一步要拍的电影的情况，题材和资金来源。

李：是关于贩卖人口，拐卖妇女的。女大学生被拐到农村去。故事来源于报刊的报道，我自己去采访编剧，是原创的。这部电影是民营企业投资。因为还没有开拍，有很多不确定的东西，因此现在不能说太多。

刘：还是中国现实中一些能够触动您的问题。

李：是的。自从拍了《盲井》之后，冥冥之中，就有一种力量，总是把我引向中国的现实，因为中国的现实有太多精彩的故事了。

刘：不用刻意编剧，不用使用太多技巧，只要把中国正在发生的故事老老实实讲出来，就很精彩了。

商业片

刘：很多青年导演在"成功"之后，又去拍商业影片，您怎么看这种趋向？

李：这很好，我也会去拍商业片，因为我们生活在商业社会，电影本身也是娱乐，是产业，产业就必须赚钱。中国电影要走向世界，首先就是要有几部好的商业片，中国太缺乏好的商业片了。不过我们要拍有内容的商业片，坚实、好看。

刘：您认为什么是"好的，有内容的"商业片？

李：我拍的片子都是"主旋律"的，这种"主旋律"是对人、对生命的关爱，对恶的批判，这是人类的主旋律。从古希腊戏剧到莎士比亚的《李尔王》《奥赛罗》，都是这样。李安拍《断背山》，这是商业片还是文艺片？电影有类型的区别，但最重要的还是好与坏。

新形势下的新问题

刘：全球化对世界电影的发展也有重大影响。例如，统一市场，好莱坞霸权，电影的地方性进一步消失，导演的能动性进一步被资方剥夺,您怎么看?

李: 全球化带来的最大问题,对中国电影而言,就是如何保护民族文化。我们自己的电影、反映中国现实的东西缺失了。80后的孩子是吃汉堡包、喝可乐、看美国大片成长的。他们生活在中国,但是对中国问题的了解,可能还不如对美国流行文化的了解。这不是观众的口味问题,是因为你给观众的只有这些东西。

刘: 您认为如何才能保护民族文化呢?您对国内的电影机制有什么建议?

李: 作为电影工作者,我们应该坚持自己要做的东西;作为政府,应该给我们更大的创作空间和保护。不想让别人侵犯你,你就必须自己强大。相对于全球化的外来影响来说,我们国内的机制问题更大,最束缚中国电影的发展。

刘: 新的科技和媒介的出现,对电影的生产、流通、观众等方面都有很大的冲击,甚至有可能改变电影的生产和接受的机制,比如,可能使电影变成很私人性的东西,您如何看这些变化?电影艺术家对此应该采取什么态度?

李: DV使电影的制作形式变得很多元,但它不能在大银幕播放,只能在小范围私下交流,不能成为公众性的作品。但是科技的进步,可以使更多的人参与到电影这种艺术形式中,为更多的专业电影人才做准备。

刘: 但是在网络时代,很私人化的东西,很小制作的电影,也可以通过网络公众化和大众化。例如胡戈《馒头的故事》。我认为这对于电影的传播方式,会产生深远的影响。

他人的电影

刘: 20世纪50年代意大利的新现实主义电影您如何评价?对您有没有影响?

李: 我喜欢意大利和德国的新现实主义电影,非常有质感,不是好莱坞的虚假和华丽,但好莱坞很会讲故事,技巧和方法不错。

刘: 您对世界电影发展大趋势有什么看法?喜欢哪些国家哪些导演的作品?

李: 我比较喜欢欧洲电影,德国、意大利、法国等等。70年代,安东尼奥尼(Michelangelo Antonioni)、高达(Jean-Luc Godard)、雷诺阿(Jean Renoir)、法斯宾德(Rainer Werner Fassbinder)这批导演,很有思想性。

刘: 今天电影界很活跃的"第六代"导演,往往会从自身的经历中找题材和故事。而您借助文学作品,走出自己的经险。

李: 可能是年龄的关系吧,我是50年代的人,跟60年代的人经历不一样,关注的问题也不一样。只是我拍电影比较晚,可能有人会说你是"第六代",但我只是我自己。

我认为文学还是需要借鉴的资源，因为个人的经验太少了，而借助别人也能够看世界——当然，如果自己有很好的故事的话，也可以自己写剧本。正在筹备的影片，就是我自己编剧。

刘：中国青年导演您比较看好谁？哪些影片？

李：我看得比较少，而且我看好谁不重要，没有太大意义。

李玉 & 崔卫平

电影——它使你的心没有那么冰冷

访谈人：崔卫平　李玉
访谈时间：2006年11月3日

崔：你的新片刚刚杀青就来打搅你，真是不好意思。是在北京拍的吗？

李：在北京拍的。9月25日开的机，11月1日关机。

崔：很辛苦啊。

李：还好，还好。

崔：你最先是在山东电视台做主持人，实际上16岁就开始主持人的生涯，然后又到中央电视台做纪录片，其中的《姐姐》

《守望》等都颇有口碑，还得了一大堆奖项，为什么后来选择了拍电影这么艰难困苦的工作？

李： 我那时候，哎呀，这都属于往事不堪回首。那时候是因为我理科特别不好，然后文科又异常突出。所以呢，我妈就说你将来怎么办呢？因为我小的时候父母离异嘛，所以她就不停地在为我张罗。张罗说女孩子要找一个又轻松又体面挣钱又多的工作，她是出于这种考虑。我那时候还是高中吧，刚上高中，就客串。平时上学，然后星期天没事就去那儿主持一天节目。当时他们就觉得挺好，就一直主持下去了。我真的不太喜欢那个圈子，包括主持人，尤其是中国的主持人。我小的时候16岁的时候可能还没有意识到，尤其后来到中央电视台，在《东方时空》做场外主持人。后来我就真的特别苦恼，真是苦恼。别人看来你这个工作挺好，对我自己来说这个职业就是一个垃圾，真的是个垃圾。而且有很多让人很不快乐的一些事情，因为你选择什么样的职业你就选择了什么样的生活方式，那这样的生活方式我不喜欢，所以就拍纪录片。

崔： 对你来说，纪录片意味着什么？

李： 其实我是一个没有远大目标的人，呵呵！就是没有很长远的计划。那么我想我喜欢影像的表达，就是喜欢表达，我也写小说，因为都是一种嘛，只是不同的方式，所以就一直在拍纪录片。纪录片真的是到现在我都特别喜欢，

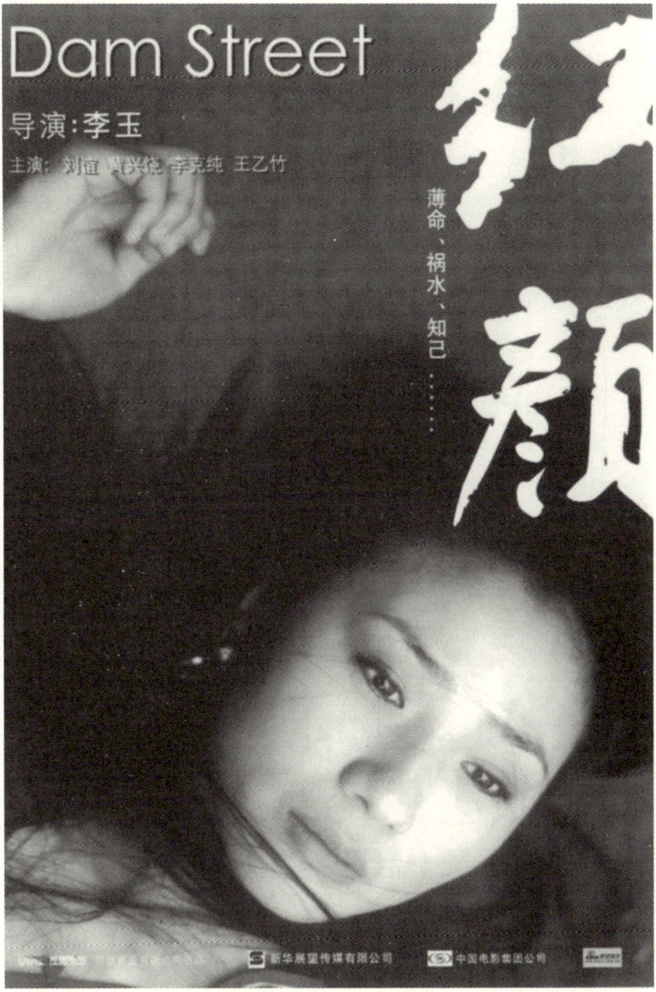
Dam Street
导演:李玉
主演: 刘宣 黄兴饶 李克纯 王乙竹
红颜
薄命、祸水、知己……
新华展望传媒有限公司
中国电影集团公司

一种能够表达自己想要的那种东西的一种方式，一直在拍，拍得挺多的。《姐姐》那个纪录片，当时那个怀斯曼（Frederick Wiseman），美国那个纪录片大师，他们就过来看，说他想见见这个导演。当时我22岁。然后我过去之后，他说你是助理还是……我说我就是《姐姐》的那个导演，然后他们特别惊讶。现在来看，我觉得《姐姐》还有挺幼稚的地方，但是可能是那个特别真实的那个东西打动了他。他们觉得这个导演真正把摄影机当作了墙上的一个苍蝇，就像落到墙上的一个苍蝇一样。他们对于生活的注意力，你能够让他们对于生活的注意力大于对你摄影机的注意力。那个时候我其实还是懵懂的，你喜欢这种东西你是本能的喜欢，你不是把它作为职业，所以你就很快乐在其中，你就享受其中所有的这些东西。

崔： 后来怎么从拍纪录片转到拍摄电影上面来？

李： 我那时候也没有想到要拍电影。我拍纪录片拍多了嘛，有时候你也会发现你太深入别人的隐私了。我喜欢拍家庭和人与人之间的关系，我喜欢拍关系，人和社会的关系，人和人的关系，男人和女人的关系，各种关系，那你不可避免就会拍到比较隐私的东西。后来就自己觉得，那你就写剧本吧，因为剧本它的心理是真实的，故事不一定是真实的，只是心理状态的真实。就一直在写，写了好多，拿给很多人看过。开始写剧本是24还是25岁。没有人相信你可以做导演嘛，你不是学导演，你没有进学校学这个，不是这个专业的。我在大学是学汉语言文学，古代文学，很偏门儿的一个东西。所以即使你有了纪录片的这个成绩，大家不会相信。那OK，那我就等。因为我拍纪录片的时候，我在中央电视台做过几次大的纪录片的总导演，片酬比较高嘛。后来我就想，实在找不到投资，那我就自己拍吧。后来就借了一部分钱，把自己的房子卖了，自己还有一点积蓄，然后就拍了那个电影——《今年夏天》，一个同性恋的题材。那个时候拍电影就跟你拍纪录片一样，没有任何目的，你拍完了你也不知道要干吗。拍完了刚26岁嘛。

那个时候我只知道有个香港电影节，然后我就给香港电影节写了封信，说我拍了一个16毫米的电影，我是谁，然后我想参加你们电影节。他们那边给我来了封信，就是说报名日期已经过了，如果再接受你的电影对其他人是不公平的，大概是这么个意思。然后我就不知道该怎么办了，那拍了我就小范围看看？但是我潜意识里觉得电影应该是给更多人看的。然后我就碰到一个美国人，他就跟我说，那你知不知道世界有三大电影节？我说，啊？有哪三大电影节？他就跟我说，康城、威尼斯和柏林。我说，那我怎么办呢？那个时候我做完电影是7月份，他说，9月份是威尼斯电影节，你可以试试那个电影节。我说，那我怎么试呢？我也没有任何渠道。后来他就帮我寄了个带子过去，然后呢就一直没有消息。后来我跟他说，那可能不行了。

他说，没有消息就是好消息啊。如果他们觉得不行，会很快给你答复，不能耽误你嘛。然后等了好像两个多礼拜，选片子那边给我打电话说已经入选，入选一个小单元。当时挺高兴的，因为你作为一个新导演，尤其前面经历了很多不信任之后，你想得到大家的一个认可嘛，当然这是一个很好的事情，所以就很高兴。然后去了以后获了一个奖，当时是一个颁给女性题材，不是颁给女性导演的这么一个奖。虽然是一个小奖，但是对我来说挺宝贵的，就是你第一次拍电影得到这么一个认可。在威尼斯的时候也是受了很多挫折，胶片还丢了一本。在威尼斯当时放映的时候，是10分钟的录像带和100分钟的胶片这么放的，一共是110分钟。反正就是太传奇了，他们主席也是说这个是从来没有过的，在他们的放映史上。但是没办法，就是丢了一本胶片。

崔： 你与母亲在一起生活时间比较长，她给你什么样的影响？

李： 我觉得她对我影响最大的就是她的敏感，她在这方面是很厉害的。她有很多缺点，比如说她特别容易感到受伤害。其实女人这一点不好，就是比如两个人恋爱，如果分手了，女人一定有受伤害的感觉，是他辜负了我什么的。这种心态会让女人特别不好，我妈妈就是这样的人，她一定认为是对方不对。所以其实我父亲也承担了很多，当然我父亲本身是一个传统意义上很花的人，可能两个人是不相融的，所以两个人很早就离婚了。那我妈妈的敏感程度是非常高的，就包括我小时候有一点儿什么动向啊，她立刻就能觉察到，就是她天生是一个非常敏感的人。这个其实我有遗传，但我的敏感在做电影的时候它是一个非常好的东西，就是一个敏锐度，然后就是对人的这种敏感的程度，对事情敏感的程度。所以我觉得我妈妈对我影响特别大。

还有就是我妈妈的善良吧。你看我刚拍完这个电影，我觉得就像我们这个集体，大家都特别融洽，特别好，就像一家人一样的感觉，我觉得这个也是我妈妈给我的。她就说人其实都是平等的，就是这个态度我用到做电影的态度上，我觉得是对的。包括做纪录片，全是用平等的态度来跟大家相处，不光是对人，也包括对事情。对我来说，这是对我终身受益的一个性格，我妈妈给我的。

崔：在做纪录片的时候有什么样比较深刻的经验？什么样的积累后来带到做电影中来了？

李：噢，那就是家庭！其实我看到的更多的是家庭的问题。我一直在说我不是为了知道而拍电影，我是为了不知道而拍电影，就是我有很多疑问，对人生，对人。我拍了许多家庭关系，不光是夫妻关系，还有母女关系、母子关系，他们之间的那种敌视，就是那种不相融，那种表面上一出门很亲热，回到家之后矛盾重重的那种隐藏的、非常令人担忧的东西。我不光是采访一些不好的家庭，也有一些好

《红颜》电影剧照

的家庭。有的时候你跟他们聊得越深,看到的那种东西越多,你会有很多疑问的。这种东西现在在我每个电影里都有,包括这个电影。《苹果》这个电影更是两个家庭之间的矛盾,一个富有的家庭和一个贫穷的家庭,因为一个性意外发生的一个整个失控的局面。其实家庭它就是社会。我觉得从本质上来说,纪录片这种方式给了我很多启发,我可能以后的电影也会一直坚持这种东西。即使是比如说我这个电影用的是什么明星啊,但是这个故事本身本质的东西还是一个探讨人性的。

崔：也就是说，你用电影进行探讨，拍电影的过程是一个探讨的过程。你自己掏钱拍的第一部影片《今年夏天》，保留了纪录片那种探索的眼光和方法，那是一个自己写的故事么？

李：对，那是自己写的故事。其实我原来对于同性恋特别不了解。然后就是2000年吧，突然就觉得自己身边特别多这样的人，我就不明白为什么，为什么以前就没有发现呢？其实以前并不是少，而是2000年的时候大家突然敢承认了，你身边很多人很自然了。我觉得这个挺有意思的，然后就不断去了解她们。本来是也想拍一个纪录片的，后来拍着拍着就觉得还是对人家有所伤害，因为你这个还是要给别人看的，那我就想干脆把她们的事情写成一个故事，有真有假。对她们的这种关注和关照是真实的，心态是真实的。本身这两个主人公也是一对儿，然后就演了这个电影。我觉得这个电影对她们也是很好的一个纪念。现在看有很多我自己不满的地方不成熟的地方，但是我很珍惜那个电影，那毕竟是我走出的第一步。

崔：从《今年夏天》到《红颜》，这一步跨得非常之大。《红颜》就是一个完全成熟的常规电影，之前的那个电影更多的像是一个个人眼光的东西。那你这一步是怎么跨出去的？是什么样的条件，使你一下子发展到那样一个比较完整的状态？

李：其实我自己没有总结过，真的。我2000年拍的《今年夏天》，2004年才拍《红颜》。那可能这四年时间我自己成熟了，我自己长大了吧，我自己的人生的这个圆，会画得越来越大越来越大，自己包容的东西越来越多。还有一点可能就得益于我现在这个制片人。中国电影真是特别缺少好的制片人，而且中国导演有个误区，就是什么都不管的制片人是好的制片人。现在的导演真的是特别需要帮助力。

我的《今年夏天》是一个地下电影，当时也是上电影局黑名单的嘛，找我谈话。我在做第二个剧本的时候，原先还是所谓的那种很锐很狠的东西，结果电影局又毙掉了。那个时候我特别苦闷，真是连死的心都有了。因为你自己觉得你是很真诚地在做电影，你很诚恳，那为什么会得到这样的结果？其实也没什么，因为写的就是一个小男孩儿和一个成年男人他们之间的那个友谊，后来发现是他的父亲，就这么一个故事。后来我真的是百思不得其解，为什么会是这样的结果。后来碰到我们这个制片（人）之后，他说现在中国年轻导演有一个很大的误区，他们觉得这样的东西就一定是对的，一定是有责任感的东西，但实际上你应该站得更高一点，更包容一点宽容一点，你超越这种东西。在这个层次上你是做不了电影的，那你再往前走一步你看一看。那么我就把我所表达的东西全包住，我用一个大家能接受，就是电影局也能接受的方式来谈电影。这个故事外围看起来没什么，你把想表达的东西藏起来，再藏起来一些，再藏起来一些，那观众能看到多少就是多少。我觉得这个没关系,大家能接受这个故事就好了。就像我现在这个电影一样(指新电影《苹果》),大家能接受这个故事,然后好看,它甚至有一点商业性,然后不知不觉它能够影响到你多少就是多少。所以我觉得电影它有时候也是一个很无能的力量,它是一个没有太大作用的东西,因为它是一个娱乐产品嘛。这种心态对于我的电影的作用那真是太大了。那你说你技术上的成熟,你一步一步总会到位的,你总会去熟悉电影,它拍摄的整个运作过程,它应该熟悉的那些部分。而心态的改变,整个你对电影的理解、电影观念的改变,对我来说是一个很大的影响。

崔: 你刚才说《红颜》开始的故事是一个小男孩和父亲的一个故事,现在改成这样的一个母亲与儿子的故事,从男性视角变成女性视角,这个过程是怎么发生的呢?怎么变成了一个女性视角?这个故事一开始的时候是你写的吧?

李: 对,这个一开始是我自己创作的嘛,就是得釜山电影节那个剧本奖(最佳原创剧本奖)的那个剧本。毙掉它就一定要改嘛,你不能再去拿这个剧本去和它死磕,当然,因为那段时间特别苦闷。所以你只能是自己再想办法。然后我就在一直改一直改,就在绕来绕去地改,改了好多稿。然后那个男人的故事就一直在经历,我发现这个男人就越来越浅,越来越浅……就给改完了。原来跟他挺无关紧要的一个女孩就越来越突出,越来越突出……就走到前面来了,就是现在《红颜》的这个女主角。原来只是那个男人的一个女朋友,这个女人还欺骗了他,告他强奸,是这么一个故事。这个过程说明,其实我潜意识里还是有女人的命运放在前面的这种感觉,她一点点在往前走,那个男主角就越来越远,越来越淡化。最后就变成王峰了,就是那个骨灰盒,变成那样的一种东西。其实我觉得这个故事也不是因为电影局毙掉了就改成一个比较柔软的故事。这个故事我觉得是比那个柔软,但是它内里的东西更坚硬,就是说它是一个棉花包着的针。

《红颜》电影剧照

崔：《红颜》的那样一种少女未婚先孕，以及那样一种紧张状态，是不是跟你的童年周围的环境、气氛有关？

李：因为我小的时候是在一个县城里长大的，山东的一个小县城里。不光是那个县，中国的县城那个时候其实都是挺封闭的嘛。我成长期是90年代，那个时候少女时代基本上周围听到的都是很可怕的消息，谁谁谁怀孕了……十四五岁的时候就经常听到这个。我妈就经常这样说，跟男人说话的时候得开着门儿啊，经常就受这样的教育。那天梁家辉

《红颜》电影剧照

也跟我说，你其实是一个特别反叛的人。就是你那个时候其实你也想谈恋爱，十四五岁的时候，你也想尝试性，但是你知道那个结果是什么，因为有很多结果在被你看到，那是一个很灾难性的结果，你又不敢。所以我觉得少女时代一直是在一种恐惧中长大。我妈妈对我其实是一种很过分的教育，她看到你跟男孩子说话，她自己会哭一天，就是这样子。她以为会发生很多事情，想象的空间很大。处在这样的环境里真是太压抑了，所以那个时候开始我就大量地写小说，写一些诗歌，小说写得就很不像那个年龄的。

崔：那你的影片当中。主人公小云和母亲的关系会不会有你自己的一些体验？

李：有！我和母亲的关系永远不会太甜蜜，我也不是特别喜欢那种腻腻的关系。我很关心她，我也知道她很爱我，但是可能彼此都有不认同的地方。她觉得我比较野，我表面上有欺骗性，可能长得比较文静，但其实性子很野。因为她是一个很安静很本分的人，这个对她来说就……就完全不一样了。我觉得她内心肯定有不认同我的地方。但是她现在这么多年了，她也做到了包容。

崔：你说自己"很野的性格"，是从哪儿来的？

李：人家都说女人对安全感看得很重吧，我没有什么安全感，我是没有安全感这种意识的人。因为从小父亲就走掉了，原来没离婚的时候他基本上也总在外面嘛，在做销售之类的工作。那你就没有任何依靠,你只有靠自己,所以养成习惯了。你现在不再有什么受伤害的感觉,这些感觉都没有,基本上你是一个很独立的人。我觉得这种东西我初中的时候就感觉出来了,比如说老师让我出去罚站,那我就把下课铃摇响,那时候下课铃还是摇的,那全校都下课了,呵呵!就是这样的事情。因为你知道后果是什么,但是你不怕这个后果。那时候的叛逆让别人觉得我是一个问题少女。

崔:我看《红颜》中,其中小云和母亲的关系虽然比起和小男孩的那个关系笔墨少,但是这部分的内容特别沉重,很有力量。观看的时候令人不止一次地想起翟永明的那组长诗《母亲》,那里面表达了与母亲那样一种对手的、对抗的关系,你看过没有?

李:我没看过。我知道,但是我没看过。我不知道我自己所经历的这些,包括我上面说的,我的电影对别人的影响。我自己觉得这种东西其实……包括我做纪录片的时候有很多,比如一个青岛的女作家,她从小就特别恨自己的父母,她到现在都说如果她的父亲死掉,她一滴眼泪都不会掉。就是因为小的时候父母对她的那种不公平,还有她认为的那种很深的伤害。我跟她不一样,就是我觉得有时候父母对我的爱,有时候也会觉得挺阻碍你的。我觉得成就你的一定是那些伤害,成就我的一定是别人看来的那些灾难，我现在想起来特别帮助我的是这些东西。

崔： 我说的对手的关系不仅仅是单纯的对抗，实际上还有某种竞争的关系，力量的竞争，或者输赢的竞争。矛盾还在于表面上女儿表现得很不服从母亲，不听话，但其实她是认可她的，有种深刻的认同在内。在这个认同的同时又有对抗，这就比较复杂了。有自己的自相矛盾在内。摆脱母亲也是为了摆脱自己。你看这个小云，她的精神状态、感情状态与她母亲对她的要求或者她母亲那样的身份，最终是吻合的，她没有发展成为像片子里面其他人比如去了深圳的人一样，就是说她在反叛的时候，不由自主地还是有认同在内。

李： 对手！其实心理学上就这么讲嘛。有的时候你的某些地方很像母亲，但是很像母亲的这个性格呢是你不认同的，这个事情你恼火在这儿。你其实不想像她这一点，但是很不幸你像了。人的很多有意思的事情就这样产生了。

崔： 影片中与母亲的关系是准确的，特别好。我看这条线索比与小男孩的关系还要实在。

李： 可能有自己的体验在里面。

崔： 你怎么理解影片中这个小男孩，是她的儿子，然后又不像，怎么想出这么一个角色？

李： 那天我又看了一遍《红颜》，觉得是不是她的儿子其实已经不重要了。在这个电影中这个小男孩其实是一个很美好的化身，周围这么一个残酷的世界，残酷的一个社会，她遭遇了很多的事情，唯有这个小男孩给她的一丝温暖那些美好的东西，让她觉得她还有理由在这个世界上。因为故事大概它是这样一个故事，很容易让人理解的故事，最后发现他是她亲生的。很多人也把他俩看作他们之间有爱情，我觉得这个都不重要，他们是不是有爱，这个爱是爱情还是友谊还是亲情，这个都不重要，就是你看到的是什么。这个电影也有它的比较大的空间，每个人能看到的理解的地方不同。我觉得这个没有什么不好的。

崔：你刚才讲你的母亲是个很善良的人，我看影片时，也觉得那个小男孩是一个非常善良的维度。好像是对于小云16岁怀孕、人生一下子被击碎的一种补偿，一个弥补。用这种方式，仿佛创作者是在替小云辩护，站在小云一边。如果说放到与母亲的关系中来，这个孩子也仿佛是与母亲对抗的战利品，是在绝望之中的一次胜利。这个胜利是她自己也做了母亲，成为与母亲对等的一个人。这一笔有出神入化的东西。

李：你觉得这个电影它有打动你的地方？

崔：这个女孩她当时恨不得死掉，她什么都没有了嘛，然后只有小男孩这一条线，这样是把曾经的作为灾难的东西加以祝福，这一点我看了很感动，非常喜欢。很多女孩子看了都会很感动。那是一个想象中的弥补，这是有同样遭遇的女孩子可能都会想到的：事情最好是这样，尽管事实上不是。

李：我们当时在点映的时候，有朋友就说老徐，就是徐静蕾在里面等你，她坐在那儿，眼睛哭得特别肿。我也很奇怪，我觉得这个电影它不至于是让别人特别痛哭的一个结尾，她那天真的哭得很厉害。我不知道，我觉得她不一定是为了故事本身，她可能联想到她自己，她可能联想到生命的这个部分，人给予和失去的这么一个关系。还有就是你说的那个，还有点呼唤的那个。

崔：是在想象当中给小云一个补偿，是她在遭大难之后的一份礼物，这个关系并不实际，但是有很深的善意在内。

李：电影有魅力的地方就在这儿。它使你的心没有那么冰冷，一直在温暖。这个温暖是很多方面的。你在创作故事的时候，你给了这些人这么一个人生，其实你在左右这些人的人生。我每天翻剧本，我们这边有一个拍纪录片的他就说，你看你每天都在翻剧本，每一篇文字都变成了活生生的、呈现为影像的这么一个人，呈现在影像里的空间里，就是这么一个过程。在这之后，观众对于你呈现的这么一个东西又有一个反应，这整个过程都是非常让人感动的。

崔：从女性视角来说——很大程度上女性是由一些特殊时刻造成的，比如怀孕和生育。面对这样的时刻，面对这样的时刻带来的麻烦，是特别女性化的视角。你是有意识的，还是无意识触及这个问题的?

李：我觉得这个可能不是我有意识的，也可能是因为我天然的视角，因为我本身就是一个女性，躲不掉的。就像张艺谋，他一直在拿女性做主角，但是他视角不一样，你看起来还是个男性的电影，是他笼罩的东西不一样。我觉得我也是，我没有刻意地要表达女性的就像你说的那样一些时刻，还有它整个因为那个时刻引发的东西……你这些东西，可能是你生来就带的那些东西，就是现在做的这个电影，也是一样的。

崔：那你怎么理解小云与后来结婚又马上分手的刘万金的关系?

李：那是她的社会角色的需要，她作为女人很真实的一面。她和刘万金可能没有太走心，他们的关系可能只是她需要，这个需要也有想接受温暖的那一部分。刘万金是一个有妇之夫，在社会性方面来说她就成了一个不光彩的角色，所以她才会在大街上被打嘛。但是对她自己来说，她并没有觉得自己错了，这是女性社会角色的一个延伸，就是她也需要这么一个东西来释放，要不然她每天的生活太压抑。那也18李：传统男人是这样的。而且现在很多男人，尤其是三四十岁的男人，他们特别喜欢标榜自己是传统男人，他们觉得是一个褒义词。我很传统啊，我想要孩子。但这不妨碍他做那种大家觉得违背传统的事情，但是他是暗地里的。我倒喜欢现代的男孩，现代男孩一夜情什么的，他都是很坦率的。作为传统的意味是不一样的，在现在的理解中，传统男人就是这样。很多男人现在特别标榜自己是传统男人，他觉得他保持了传统，但是传统男人的本质是什么？就是大红灯笼高高挂啊。那是传统男人啊，他要传宗接代，他要对每个人负责任。

崔： 那个叫作负责任么？也可能在传统上，男人是与这样一些东西联系在一起——比如说理性啊、规则啊、纪律啊、客观啊，被描述为一些正面的东西。

李： 我曾经和一个欧洲导演也聊过，我们也是一直在争执。你说的这些是啊，但是他自己为人不知的那一面和这个是割裂的啊。当然有一些是很统一的人，但是那些统一的人里面你也会发现他们不为人知的事情。我聊过很多人，就是真是好好先生，就是特别好，你跟他相处时间久了，我会冷不丁地问他一个特别不堪的问题，因为他们了解我是这样一个人，那他们会放松这个界限和你聊。聊聊聊就会又证实我的一个猜测。我们抛开电影不说，我这样的也不好，就是你看到的东西太多，有时候你只是看到他是个传统的好男人你会很幸福。其实这个东西是一个永远可以讨论的话题，因为你翻一番它是这样，翻两番它又是那样，再翻一番它可能又是另外一面的。

我自己觉得我不是一个女性主义者。我觉得男人和女人都同样美好，男人的强和女人的柔是一个彼此都不能缺少的东西。

崔： 哦，将这样的男人表述为"传统"的，而且不管是谁，都有不为人所知的特别不堪的那一面，这个对我来说是一个新鲜的表达。

李： 因为事情永远是有很多面的，永远是这样。所谓传统只是相对的嘛。

崔： 还会持续地关注女性题材么？

李： 我觉得一定会的，不管在什么时候，所以我说这是个天然的东西，本能的东西，没有去有意识的。因为我自己觉得我不是一个女性主义者，就是女权。我觉得男人和女人都同样美好，男人的强和女人的柔是一个彼此都不能缺少的东西。

崔： 为什么人们都愿意说自己不是女性主义者？

李： 我说这个的意思是我没有有意识地把自己归为哪一个。就像张艺谋跟我开玩笑说，你是哪一代？我说为什么要分这些呢，为什么你要分女性主义和非女性主义？我觉得这个不要刻意去给它划分。

崔： 在华语电影或外国电影里，你都喜欢哪些片子？

李： 我喜欢北野武，北野武的片子我都很喜欢的，可能是因为喜欢他那个人的感觉，所以他每部电影我都挺喜欢的。华语电影,《活着》我比较喜欢,《阳光灿烂的日子》,老版的《小城之春》,台湾的杨德昌的电影,侯孝贤的电影其实我只喜欢他的《童年往事》,杨德昌的《一一》《麻将》《牯岭街少年杀人事件》那些我都很喜欢。前段时间我看了许多老电影,包括《小兵张嘎》,都翻出来看了一些。因为我觉得中国电影为什么现在会是这样,我看《小兵张嘎》的时候我觉得如果当时电影观念先进的话,它是个很好的故事,很好的商业故事,它会是一个好莱坞的那种《小鬼当家》版的东西,但是它拍得很朴实,那个年代的产物,那么多人喜欢看,那么多人记住这个。现在电影你不能老怨电影局怎么怎么,导演本身其实应该多想一想。你为什么会是现在这样的一个处境,尤其年轻导演发展这么难,找不到投资,都在这样说。当然提供的机会是一方面。我觉得除了机会之外,如果有一天电影局说不审查了,我们全取消了,open了,中国导演做好准备了么?我觉得未必。你能拍得出像好莱坞那样非常优秀的商业片么?商业烂片我们先不讲,商业片很难拍的。

崔: 那你说缺什么呢?需要做好什么样的准备?

李: 各方面啊,包括心态。韩国现在每年都派年轻人去好莱坞学习。中国没有这样的,我们就觉得自己的东西不错很好。有些人也在尝试一些新的东西,但是我觉得你的心态一定要打开。就是类型要多一点,不要怕主流。当然主旋律和主流是不同的，不要怕主流语言。这个时代已经新到你在说边缘的时候，你已经在主流当中了。包括另类，另类现在已经变主流了，就像艺术电影，大家都在拍贾樟柯那样的电影的话，那就已经变成主流了。其实你没有必要，现在是一个自由的时代。自由表达就好了，不要去想人家喜欢什么，不要去想哪一种东西流行。现在艺术电影变成一种流行，很可怕。

崔： 你觉得你在你的这几部片子里面，基本上是在自由表达么？是在说自己想说的话？

李： 我觉得我对自由有不同的理解。自由，一种是你想拍什么拍什么，还有一种自由，是你可以把各种限制变成对你有利的部分。你的婆婆特别多，每个人都可以对你指指点点，因为他们投了资，他们确实要负责任，他们有不放心的地方。你要把你的这些东西变成对你有利的东西。除非他们把你说服，要不然你会变成一个很好的沟通而不是对抗。有的时候你越想对抗它越变成一种对抗，因为态度决定了一切，就是你对人的态度决定了。如果你是一个交流的态度，他们也很高兴和你沟通。这样的话就是说让他们理解你去做什么，比起你是说我就要这个，这样要好得多。他帮你而不是你去对抗他。

崔： 你觉得在现在的拍片环境中，还是能够释放你的一些东西？

李： 能，完全可以。就是看你有没有这个智慧，我觉得我的智慧还没有达到一个绝对是自由的程度，但是我觉得已经很好了。

崔：我们现在讨论好莱坞的经典叙事，其实那是在和当时的审查制度的讨价还价中，慢慢走成这个样子的。在这个意义上，所谓限制不一定仅仅是消极的东西。

李：对，它刺激你更……比智慧嘛，就像去年还是前年我们和电影局有一场对话，在对话当中大家都在了解，都在成长，因为这个社会新到就像老师和学生都是同步在接受新信息，不是谁教谁了。出来一个新东西大家一块儿去消化，每个人都是学生。而且谁也不比谁傻三分，真的是这个时代就看你自己怎么理解了。

崔：你对市场或者观众有什么样的期待？

李：作为我这样一个导演，我不知道其他，我觉得口碑就是票房。因为我不太重视前期的宣传，电影开拍了喊一嗓子，然后请一些记者。然后中间探班了又呼隆一下，等到杀青了又喊一嗓子，其实这些东西对观众来说太小儿科了。我觉得有时大家是看的电影本身。就像《疯狂的石头》，它口碑积累起很多，也已经算是票房奇迹了，对于它的投资来说。我觉得这个口碑太重要了。因为如果你电影不好，你只靠这些宣传你只能骗一轮，你再骗，你骗不下去了。大家一说这个电影怎么样，说是烂电影，那谁还去看呢？我觉得口碑真的意味着一个票房，我觉得在现在中国的这个环境下,和好莱坞的宣传是不一样的。土壤不一样,长出来的花儿不一样。

崔: 你刚才说,灾难成就了你。像目前这样做电影对于你是不是一个合适的释放、一个合适的转换?

李: 现在有电影有小说,有可以让我释放的地方,要不然我觉得我会成为……我不知道我是不是可能会成为一个很有问题的人。不是心理问题,就可能是一个过了头的愤青,过了头的愤青就会做一些有害于人民的事情。但是我现在很平和很安静,也变得很包容,可能和自己有一个释放的空间,再加上自己的这种多年的沉淀也有关系。我觉得我可能会变得越来越有爱,这个爱是一个广义的,就是我特别怕自己的电影会没有爱。

崔: 有没有想过去拍一些古装的东西?

李: 不排斥,真的不排斥。我就说我现在不像以前那么愤青了,觉得一定要怎么样。这个世界上没有一定要怎么样的。就像如果哪个演员他说他最适合,我一定不认同,没有哪个演员一定是适合这个,每个人也会有不同的东西在里面。就像我们人生的角色一样,你不一定非得扮演这个,非得扮演那个。我觉得你一定要顺应这个自然的变化。

崔: 刚刚杀青的新片也是自己写剧本的么?以后会不会也拍别人写的剧本?

《红颜》电影剧照

李：对，这个是自己写的剧本。但是原点，最初的感觉是和制片人聊出来的，聊现代社会人的心灵的走失啊，发展那么快，人心已经跟不上了。这些观点是和制片人一直在讨论的，差不多是一起创作的。其实我不排斥去拍别人的东西，但是我现在找不到满意的，找不到让自己内心有反应的。

崔：最后一个问题是一位年轻的观众朋友想知道的，《红颜》的碟上面写着"中国版的《西西里的美丽传说》"，你对这个说法怎么看？

李：对，我觉得看了那个挺可笑的。因为卖给了中凯了嘛，中凯他们就自己做了一个宣传的封面,他们肯定觉得这样好卖。当时他们也没有跟我们商量,网上也有一些这样的。但是我觉得完全不一样的两个东西吧。但是不要紧,我觉得这都是大家的自由,你作为一个导演,你必须要承担这些,不要那么愤怒。我觉得不要那么愤怒,轻松一点,这都是可以的,可以允许的。哪怕是你电影出来也是要准备被别人骂啊,你也不能光喜欢听夸奖的话啊。我觉得这些都是好的东西,我觉得你就一股脑儿地全接收了就完了。

章明 & 徐枫

在期待之中

访谈人：徐枫　章明
参与访谈者：海个　张红军

纪录：对象与自我

徐：这两天把你的几部片子完整地看了一遍，以前看过的影片又重新看了。你这次的新片《大姨》（2006年），给了我很个人化的感动。主要是里面的这个老人，对我来说有个很特别的关联，她让我想起我的祖母，因为这辈人的故事总有一些相应的地方。他们之间可能有很大很大的差别，但是他们经历了共同的时代和事件，而这些共同的事件给他们整个人生留下了深刻的影响，那些影响甚至还部分留在咱们的记忆之中——这是影片令我最为感动的地方，而且它表现得很平静。这部片子当时是没有任何计划就去拍的吗？

章：你说完全没有计划也不是，但是也谈不上计划；因为头一年春节的巫山，我带着我的机器（PD150-DV）回去了。所以第二年春节我也带着机器回去。春节嘛，能够见到什么就拍什么。像《巫山之春》一样，留个纪念，如果说这个是计划，那它也就算计划。在大姨家住了四个晚上，路上来回两天。前后加起好像是不超过六天。在回去的路上，我在汽车上、火车上、船上也拍了一些。

徐：那就是说，在拍这部片子之前，还没有非常明确的指向——这部影片最后能落到谁那儿，还是能落在哪个主题上？

章：你拍完就知道了，都是不由自主形成的。我们巫山这边一家一共十几个人去的，这一路上我都在拍我们这家人。后来很多东西都剪掉了，剩下的就是这个片子。

徐：但是你在这部影片的开头和结尾，仍然保持了这个旅程的过程，尤其开头的部分还比较长。这样显得大姨这个人物出现得很晚。你现在仍然保持这个长度，有什么考虑吗？

章：本来我还想留得更长，原来是一个半小时，现在一个小时整，减去的半个小时基本都是前面去的旅途过程。本来我想，这个过程更漫长更有意思。回过头来想，在去见大姨的一路上有很多波折,如当时中途我们去找旅馆,找了很多家旅馆,那些我都剪掉了。因为出门想省钱嘛,一大家人。当时也有很多拉客的,想让我们去他们的旅馆。

徐:那你觉得你现在保留下的这些部分,比起剪去的那部分,在这部影片当中是不是确实更重要?

章:就我个人来讲很有意思的东西,别人看来会太冗长了。其实也给不了几个人看。

徐:那么留下的这部分,是因为你必须保持这个到石门去的过程和这个家庭的气氛。

章:现在已经剪到了最多限度,再剪下去就没有这个过程了,就很没有意思。现在有这个过程,但不是很长。其实很多年前,我一家人也去了,那个时候大姨家里很穷,但是那次去印象更深,只是那时我没有机器。有一件事我的印象特别深,就是第一次去,大姨的儿子,我表弟,为了招待我们,特意到县城买了面条,因为面条在那里已经算是招待客人的像样食品了。表弟买了差不多十斤的面条,又忙着帮我们找车,结果把面条忘在县城了,后来他重新走路回县城去取面条。

徐:那你在家里是不是有很特别的位置?

章:没有。其实我们家现在比较近的亲戚不多了。

徐:关于你大姨的这些故事,你以前是不是都已经知道了?

章： 我以前只知道一点点，听我母亲说大姨的丈夫是国民党的一个军官，在"文化大革命"的时候被整死了，所以她的命很苦，一年三百六十五天，天天都在干活。她是我们亲戚当中最难的。我们经常帮助她，她现在背完全驼了，疾病缠身。

徐： 那她个人的形象有没有给你特别深的印象？

章： 有。这之前我看过她十七岁的照片，我难以想象她过去还有挺漂亮的样子，和现在的反差特别大。

徐： 是因为这张照片和这个人的反差来拍这部片子吗？

章： 我想那时她是一个很青春的少女，而且你能看出来她那种很美好的气息，那你再看她现在的样子，你肯定会想为什么？

徐： 这部影片整个开始都在展现她的日常生活，直到进入后半段、快要结束的时候，才有了那次很长的访问（或者说交谈）。那么是不是在你的实际拍摄中就是这么进行的？

章： 对，因为走的时候我觉得我拍的东西其实没有什么内容，我觉得还是不了解她。第二天晚上我们要走的时候，我就和她聊了一会儿。我说："你先别忙做饭嘛，我想和你聊一聊。"

徐： 这个聊的部分是不是也剪掉了一点？

章： 没有，基本上是保持了原貌，剪掉的是那些说重复的话，因为老年人说话都是一句话说很多遍嘛。

徐：有一部影片，是这几年才被发现的，名字叫《零号》（*Numéro zéro*），是让·厄斯塔什（Jean Eustache）的片子，大概有两个小时，整个拍的是他和他祖母的对话。你在拍这部片子的时候有没有参照过这部影片，或者是在你的构思当中有其他的参照？

章：没有，因为我很少看纪录片，国外的看得更少。而且在拍这部片子之前没有什么计划。因为我想就拍点家庭的生活嘛，而且我大姨讲的时候，因为觉得我是"国家的人"，她怕电视台播，所以讲的不是很多。

徐：但是她的讲述还是给我留下了很深的印象。

章：对。基本上的事实是不可避免的，但是她尽量讲得少一些，只讲她认为不出格的话。

徐：那么这个片子拍完之后，你觉得有没有什么遗憾？

章：应该说没什么，因为你知道我拍的东西已经很多了，虽然前后的时间只有五六天，我在拍的时候没有特意地去想，只是靠我的感觉去拍。

徐：我现在往前推，说一下《巫山之春》（2003年）。这已经是我第二次看了，很喜欢。我感觉这样的纪录片在中国还是很少见的。就是说它保持了个人生活的质感以及它的松散度，或者说随散度，同时这种个人生活又在一定的意义上把整个的变迁都展现了出来。而你在写《〈巫山之春〉导演的话》的时候也谈到了一个问题，就是说这个片子在开拍的时候并没有一个结构性的构想,是吧?

章:那个更即兴,比《大姨》更即兴,因为我前一年在拍这个片子的时候,什么计划都没有,就是带着我的机器回去了。

徐:其实我们可以在整个的影片里找到一个结构的主线,就你的这位叫老綦的朋友和姓龚的这个女孩子之间的感情纠缠,其实我觉得你在回乡的过程中可以有很多的线索去选取,为什么你要找一个这样的线索作为它的主线?

章:其实,作为我这是一个本能的体现。虽然说我看到的东西不少,但是我本能上觉得这个东西就很怀旧。我完全是从个人的角度考虑的,我觉得我自己很满意。

徐:如果你做一个简单分析的话,这个故事对于你是很有凝聚力的,原因在哪里?就是说它对于你这次回乡之旅是一个核心问题,在个人和社会的层面上,它怎样就具备这种凝聚力了?

章:你想,每个人和我在一起的时候,不管他是我的家人还是其他什么人,每个人在我这反应都是不一样的,我完全都能感觉到。我的这个叫老綦的朋友在我拍片的时候反应是最自然的。

徐:那么你在这个片子上最后做剪辑的时候,在结构上有什么考虑呢?

章:结构上当然有考虑,首先是这个故事,还有我的家庭,我都考虑到了。

徐：我注意到这个片子是采用了夜景和日景交替来组织呈现的。而夜景和日景各自都有不同的重点。我觉得你们日间的活动和夜间的活动有所不同。主要是，白天都是关于你家庭的，而你们这些人的交谈全都是在夜间。

章：为什么呢？这个和我的生活节奏有关系，因为基本上我白天和我的家人在一起，然后到了晚上我就和我的这些朋友在一起聊天。

徐：另外，你的这些选择让我想起了一个问题，在你的这个纪录片里也呈现了这个特点：最主要的重点，还是个人的问题；就是整个社会与文化的变迁，也会具体落到一个人的生存状况和特点上来。还有就是，在纪录片里，你会发现很社会、很文化就是外在的这种信息，同时就是个人的和社会生理的，它们都是联系在一起的。在你的两部纪录片里，这一点没任何的损失。但是你觉不觉得，在你三部故事片的推进过程中，它们之间的关系（社会文化与个人）在慢慢地失衡。这是你的纪录片和故事片之间一个很大的差别。因为从《巫山云雨》到《秘语十七小时》，我们就已经感到了，在这个影片（《秘语十七小时》）的构成中，比较社会性的这个层面的信息开始弱化，而相对来说更内在的、更为封闭型的人物的内在问题，更清晰、更明确地占有了一个更重要的位置。结果呢，就是人的内在问题占了百分之八十或是更高的比重。这可能只是我个人的观点，可能也不准确，但是我确实有一个这样的感觉。我不知道你同不同意我这样的观点，那如果是这样的话，为什么会发生这样的变化呢？

章： 我对纪录片很满意。而我在拍故事片的时候，自己很不满意，因为我知道我即将拍什么，你甚至有个白纸黑字的剧本，这个明确的东西是一种困惑，让人感到泄气。我有时候觉得把故事片假装做得跟纪录场景一样，心里会有取巧的难受。我去年拍了一部数字电影《院长爸爸》，就是

把故事片做得跟真的纪录片一样。许多人看了感动得不得了，可我知道其实是怎么回事情。

徐：我觉得这很有意思，因为在纪录片中，你没有这个主观性和客观性的矛盾。这种矛盾是你的对象和你的表达欲之间的矛盾，焦虑就存在于其中。在纪录片里没问题，因为首先是对象，而你的表达欲在里面，你的主观性都在里面。你的问题可能是，你要是有这个对象就好了！但是在这故事片里，你的主观性达到了这样的程度：它占有更明确位

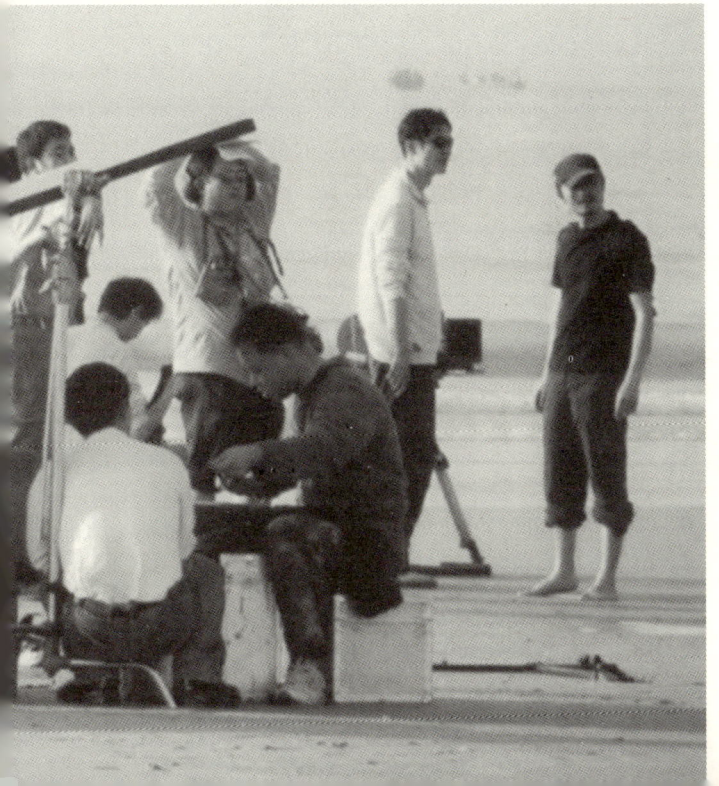

置,是具有压倒性的一面。

章:因为在故事片里,很大的程度上,你要考虑到虚构的东西和真实的东西,你都得知道,而在纪录片里,就不会有这个问题的。这是一个很大的区别。

记忆之流

徐:现在有很多人不把你放到第六代里去,因为你是1961年生的,你的童年和青少年都是在"文革"的时期度过的,而且是1978年上的大学,这和第五代的入学时间一样。

章:其实也不完全是的。前几天我在成都,正好见到我的同学,年龄都很大了,因为我在我们班是最小的,应届的毕业生嘛。那时候我们班还有年龄比我大一倍的,现在都已经差不多退休了。所以说我们那一代人,是处在非常特殊的时候,我们的生活和现在的生活是完全不一样的。

徐:我特别想问的一个问题是,你童年的时候、在"文革"的时候是什么一个样子?

章:我现在记得不太多,只是在我的脑海里有那么些画面。因为我那时候还很小嘛,有的事情就记不太清了。

徐:在你的童年和少年时期,是处在一个文化上相对荒漠化的时期,我想知道,在这段时期,在你的日常生活中,文学和艺术扮演了一个什么样的角色?而电影又在你的生活中扮演了一个什么角色?

章: "文革"的时候我觉得文学的东西比较多。另外,据我父母讲,我一岁就开始画画了,但是我的脑海里一点印象都没有。我小时候很爱看书,但是有一本书从没看完过,呵呵!

徐: 是什么?

章:《红楼梦》,我一直读不下去。那时候还读一些小说,比如《红旗插上大门岛》《林海雪原》《欧阳海之歌》,后来的《水浒》《三国演义》和《金光大道》等。最早有印象的电影是一部纪录片《中国第一颗原子弹爆炸成功》,里面那些防化兵从衣服里把汗水倒出来的镜头把我惊呆了。

徐: 有一个问题,对我个人来说一直是挺有意思的:就是在"文革"时代、还有"文革"结束后一段时期内我们的主流文学或者是主流艺术,到底有什么影响力?它们可能在以后的变更中被其他的东西替代了(比如西方的现代小说、中国当代文学的变革),但是这些70年代的文学作品是不是可能还会以某种形式,在你的内心和精神层面上,或者在你的创作层面上,留下很潜在的影响?

章: 我觉得会有的,绝对有,但是我自己很难分析到底在什么方面。我记得很清楚,那个时候还有一本叫《少年文学》的书,那时候看起来特别的好(**徐:**《儿童文学》,叫"少年"的是《少年文艺》);刊载过一篇小说叫《金花路》,是说一个木匠的故事,给我的印象非常的深,这是一个神话故事,看起来非常的有想象力,让我充满了美妙的遐想,忘记了身处的黑暗和贫困。

徐: 我听你小时候的朋友说,你那时有个很特别的习惯,就是蹲在江边向对面看;而且在你的书里和我们以前的对话中,也曾经谈过这一点。这个经验是不是留在了你以后的创作里?包括你的《巫山云雨》,里面那种封闭感和期待都和少年时代的经验有关系?

章: 我印象最深的,就是我跟我的母亲去她教书的学校上学。那个学校是在农村的庙里面。记得当时在庙里面有五个女老师、一个男校长——他不久就上吊自杀了,这应该是我将来恐怖片最原始的场面吧;教师们经常会到了周末回城里去。我那个时候感觉很奇怪,我自己也说不清楚,可能是我自己的一种逆反心理,也可能是我另外的一种痕迹吧。我记得一次有个魔术团到县城表演,因为大家从来都没有看过魔术团的演出嘛,所以就感觉特别特别的好奇,然后,所有的人都去看。当时我没有去。然后大人们就和我说:"有大变活人,很好看的!"说有多么多么好看,母亲一定要让我去看;那我也没去,好像是我对自己的一种虐待吧。那时我有七岁吧。

徐: 在《巫山云雨》里有一个很重要的场景,就是船驶过岸边的那个场景,给人的印象特别深刻。而且那个场景也让我想起过在费里尼(Federico Fillini)的《阿玛尔柯德》,里面非常相似的一个场景,就是所有的村民都去海边等那艘像幽灵般的船，那艘船出现，非常璀璨地经过了海面，然后就慢慢地消失了。这个场景给我的印象非常深，你在做《巫山云雨》的时候曾经看过费里尼的这部片子吗？

章：还没有。但我也很喜欢这部片子。我感觉那时很矛盾，因为我很想看到船里面，经常会有透过庙里的窗子看轮船，然后特别向往那个轮船上的生活，轮船上灯火辉煌啊。我觉得这个很矛盾，很难解释。

徐：我觉得这个问题涉及你一个很有意思的特点，就是在你的作品，尤其是《巫山云雨》里有一个很明确的对立。在我看来，这部影片都是在表现人的孤独，和某种意义上的一种无望，乃至于在无望当中期待的这种状态。但是男主人公和女主人公差别很大，男主人公的孤独处境，是一种通常来说更为封闭性的、而在个体上讲也具有更多拒绝色彩的孤独，而女主人公的孤独，是当众孤立，她有的是一种在人际关系网当中没有办法摆脱的孤独。这个差别很大，因为刚才你说到你童年的经历，我才开始有点理解为什么会有这样的差别。那么你考上西南师大美术系以后，在你真的去学美术时，你在绘画上、造型艺术有什么样的风格？哪些画家对你具有比较大的影响？

章：在当时，初三时吧，县里文化馆，从四川美院附中分来了两个年轻人，他们大概有二十岁吧，艺术青年的样子，但他们画的都是革命的宣传画。他们带来了一些画册。有一些画给我印象很深的，就是苏联的那些画册，巡回画派的，因为那些画里面都是有情节的嘛，所以给我的印象特别的深。

徐： 那么你一开始就对有一定叙事性的绘画感兴趣？

章： 因为那个时候接触过的，就很喜欢。还有一个给我非常非常大影响的，就是连环画。其实我现在想想，连环画对我的影响是特别大的，因为那个时候的连环画很流行，而且画得非常好，故事性也很强。但是现在的连环画都是千篇一律的，像以前每个人画连环画的风格都是不一样的。我记得我们初中有个同学家里专门收集连环画，当时我们都求着他给我们看，而且他有很多的连环画都是"文革"前期的，非常的珍贵，而且保存得都特别好。

徐： 那你接触西方绘画，比如说西方19世纪后期以后的绘画是在什么时候？

章： 这些西方绘画是我进大学以后才接触的，因为我上大学的时候正好是对外开放的时期。然后我看的第一次原作油画，是专门跑到上海去看的，《法国二百五十年油画展》。

徐： 是在哪一年看的？

章： 是在1982年看的，我的印象很深。当时为了看这次画展，我特意跑到了上海。那时候根本没有票卖，然后黄牛党把那个票给卖到了50元一张。当时感觉非常的贵，那时候也就10元一张吧，而他们卖50元一张，简直是太贵了！最后还是买了一张黄牛票。

徐： 在以后的绘画史上仍然有震撼意义的绘画，对于你来讲是什么样的作品？

章： 后期印象派的，然后还有美国的几个画家我都比较喜欢。

徐： 那么中国古典的绘画对你又是什么样的感觉呢？

章： 中国绘画当然不用说。我是非常喜欢中国古典的那些写实的画，但是我不喜欢那些写意的画。我感觉写意的画原则意义上讲不算是绘画，那是文人的一种消遣。但是到了元代，文人画越来越多，我觉得它们都不是绘画，是一些抒情言志的小技。而我个人还是比较喜欢元代以前的中国画，人物和山水作品。

徐： 好，我们还是说电影吧。你对电影的热爱是从什么时候开始的？

章： 很明确地说是从高中时代就开始喜欢了。像我们那个时候，已经有很宽的政策了，就是可以考大学了。当时我的班主任是数学老师，而我的数学成绩在班上是最差的。既然我的数学成绩那么差，当时想干什么还要学呢？然后我就在上课的时候画画和写剧本。有一天就让老师发现了，就非常不留情面地让我站起来，然后还告诉了我的家人，我父亲把我给打了一顿。但是我还不断地写剧本，他们不知道。记得那个时候有《大众电影》之类的电影杂志，很多的年轻人都很喜欢去看，而我很不爱看。我个人比较喜欢看那些电影创作、剧本创作的东西。

徐：看你不止一次的提到过爱森斯坦（Sergei Eisenstein）的《墨西哥万岁》，这部影片对你有过什么影响吗？

章：对我有一定的影响，这是大学以后的事情了。那个时候大学里根本没有几本电影书，总共不超过十本，我都看过，包括介绍这部电影的小册子，现在来讲这些对我没有什么太大影响。

徐：那你在大学时期对于中国电影界发生的变化有什么感受吗？

章：我觉得最大的变化就是能看到外国的电影。我记得那时候看的一部日本电影叫《望乡》，那时候在我们大学里只有物理系有一部电视，还是黑白的。我们总是偷偷地跑到物理系的窗外去看电视，好像《望乡》《生死恋》《简·爱》和一些非常好的英国电视剧如《卡斯特桥市长》就是从那里看的。后来我们就是到电影院去看了。我记得那时候看的一部电影叫《警察局长的自白》，为了看这个电影我头一天就得去排队买票。我觉得那个时候的影片很有意思，包括《追捕》都很有意思。

徐：你在巫山师范执教的时期，你得到的是什么？

章：我觉得很好玩也很压抑，从另外的一个方面讲，我更加喜欢电影了。还有就是我教美术很擅长的，我觉得为县城和整个学校带来了一点新的风气。我是巫山第一个穿牛仔裤和旅游鞋的，学生们都感觉很刺激，我在学校很受欢迎。

我那个时候年纪21岁，学生全都和我的年龄差不多大。我带他们出去写生，那时候他们从来都没有经历过这样的事，可以到外面去玩、去画画。

徐：你是1988年进入电影学院学习的，其实在这以前中国的电影已经发生了翻天覆地的变化；这个变化对于在巫山的你来说，有冲击吗？

章：有。当时有两部电影印象很深。一个是《黄土地》，这个电影你现在不敢想象它能在县城里放映。我一共看了两次。后来还有那个《德州·巴黎》也在县城公映过，也是看了两遍，我是看完第一场紧接着再看第二场。那时我们写影评，我们不仅有美术协会还有影评协会，当年还被评为全国影评协会第二名。影评还在当时的电影杂志上发表了。当时巫山县城能买到《电影剪辑》《电影语言的语法》这类书籍。这些时光一去不复返了。

徐：那么在1988年进入电影学院以后，你在学习的过程中和学院的教学传统有没有什么差异？

章：刚进入电影学院，首先是感觉自己的生活一下子变了，那种感觉跟电影学院没什么关系。总的来讲，就是刚进入电影学院的第一年很兴奋。

徐：你不止一次地和我谈过，安东尼奥尼的影片和布纽尔（Luis Bunuel）的影片对你有很重要的意义，而且还经常说，布纽尔在你看来是最伟大的导演。这个印象是不是在这个时期形成的?

章：实际上，从电影学院毕业以后才更多的看到他们的作品。其实在电影学院的时候看得很少，都看不全的，影像数据很少，只是偶尔看到他们片子的片段而已。

徐：相对来说，安东尼奥尼和布纽尔的影片，在80年代应该还是很常见的；安东尼奥尼在80年代还是比较多地被教学研究的一个导演。

章：片子不多。那个时候我这个同学骑着车子到大使馆去找录像带，他的很多资料比学院的还多（指旁边在座的张红军）。我记得我还在巫山的时候，还没去电影学院的时候，我的这个同学就已经到处乱跑了。因为他比我敢去闯，我是轻易不会出去的。他很早的时候就跑到上海去了，回来的时候背了一大口袋的资料，很神秘的。然后我就赶紧跑到他那里去看；他轻易是不会给我们看的，最后他还是借给我看了，告诉我要多少天还啊。其实那些英文资料还看不太懂。现在想想那个时候真的很有意思。

徐：还有就是，这两位导演在你看来都是特别了不起的导演，后来你也经常谈到塔尔科夫斯基（Andrei Tarkovsky）。但是在你的影片里，我个人感觉，我们很少感到布纽尔的成分。你曾经做过一个特别好的总结，我非常同意。这个总结就是，布纽尔属于举重若轻的导演，而安东尼奥尼是一个举轻若重的导演。但是我们在你的影片里很少看到布纽尔的这种色彩，我们看到更多的是安东尼奥尼的特征。那你自己认为，为什么会是这样的一个状况呢？

章： 我读电影学院的时候，塔尔科夫斯基的影片是看过的，比如《伊万的童年》，影片很多都是苏联的，在读电影学院的时候就对他的影片很感兴趣。但是安东尼奥尼和布纽尔另外两个人的影片是经常看不到的。我在电影学院里，只看过《红色沙漠》，而且那部电影我又不是很喜欢，所以那个时候就不是很喜欢安东尼奥尼。而毕业了很多年以后，我才看到他的其他影片，感觉很好看。然后还有布纽尔早期的影片，是从我的朋友那看的，什么《比里迪安娜》啊、《白日美人》啊，后来还看过他的《资产阶级审慎的魅力》和《欲望隐讳的目的》，我都很喜欢的。

张红军：《欲望隐讳的目的》是你最喜欢的嘛！

徐： 我觉得你接受他的作品比较晚，这是你作品中他的色彩比较少的原因吗？

章： 我不知道这是不是原因。其实我在拍《巫山云雨》的时候，满脑袋里都是布纽尔。其实还有刻意的布纽尔的方法。

徐： 对！比如说有关鸡蛋的那些场景啊，还有就是看起很荒诞、很不合理、很超现实主义的场景。但是他的整个效果出来，的确是安东尼奥尼的风格。

章： 布纽尔很好玩，安东尼奥尼有形式感，就是他们的表达方式，都很有意思。

徐：而且布纽尔的色彩，如果在第一部里还有一点痕迹的话，那在后来的两部故事片里几乎一点痕迹都没有了。

章：我后来这两部影片其实越来越无所适从了。其实我这个人是这样的，我从小就有这种逆反心理，我越喜欢的我就越要去想避免。第一部《巫山云雨》可能很多人关于镜头说了一些什么故意平板呆滞啊，其实那些不是我刻意去做的，可能是我的抵触心理造成的。

徐：你在拍《巫山云雨》之前拍过两部电视剧，都给你带来过荣誉。我先问《凤凰琴》，这部电视剧为你赢得了一个最佳表演奖是吗？

章：不是的，只是片子获奖了。

徐：但是这对于你的表演经验有意义吗？

章：没有意义，我觉得好像对我有害处。

徐：有什么害处呢？

章：其实我只是觉得我该去演这部戏。很难讲。

徐：呵呵，那我不问了吧。我属于很保护、很尊重被访谈者隐私的采访人。

章：其实我对表演是非常厌恶的。

徐：在这点上你和安东尼奥尼比较一致。

章：因为当时剧组里面有一个人，我很喜欢她，是这样我才去演的戏。

徐：另外，《为了聚会的告别》这部片子在当时也成为比较受关注的电视剧。我看你的第一个片子，就是这个。我是在进入电影学院之前看到这个片子的，而且还非常喜欢。那么这个作品对于你来说是一个命题作文，是吧？

章：是。是这个剧的演员获了表演奖。这个命题作文是我们自己找上门的。因为当时毕业以后就觉得很茫然，怎么样开始拍东西，根本就找不到门路。然后那个时候就瞎想、看报纸什么的，就选了这个素材，因为这个可能会打动中年人。当时完全没有从电影创作的角度上考虑，而是想怎么去做一个事件，怎么用一个实际的方法去做一部片子。但是确实，这个人的事情，对我有一些真实的触动。

徐：哪方面的触动？

章：因为这个人是农村的嘛，然后到了大城市，而且又成了博士生。我觉得很理解这种经历，马上就能切身体会到他会是什么样的感觉。我想就是这样子，很简单。但是我想在报纸上写出这件事真不容易——因为我了解当时的真实情况嘛——他就是敢写，因为当时一个单位的医药费就那么多钱，而你把钱都用了别人就报销不了医疗费了。如果多一点钱，他（博士生）根本就死不了。

徐：那这部片子有没有对你在语言和方法上、甚至还有后来的创作上做了一些准备？如果有，是什么样的准备？

章：没有。因为我觉得跟我后来拍的电影基本上没有共同的点。一开始是我和几个同学自己的事情,但是后来就越搞越大了,中国科学院觉得这个片子是一件很好的事情,然后就把他们当时的院长周光召请来见面,我们就聊了聊。我记得那时候我对院长的印象还是不错的,因为他不像当过兵的,起码不像电影学院的那些领导。因为那时候一个科学院的院长不可能和我们年轻人聊。他觉得这是一部好戏,他才和我们聊,他相信年轻人做的影片。然后电影学院的领导知道了,他们就让电影学院电视剧部出面,然后学院就决定与中科院双方一起做这个电视剧,后来中央台也加入了进来。加入的方面越多,各种要求就越来越多。但是我尽量按照我的想法,就是我对这个人的理解来拍。

徐：这个片子除了主要人物的个体经历和他的生命状态让你感动之外,那么整个故事和人物的关系模式有没有让你感兴趣的地方呢?

章：没有什么。虚构的成分在里面占百分之八十,只是一个大的事情是真的,所有的细节情节都是虚构的。因为你不可能按照本来的事情去拍,可能会有百分之二十是真实的,其他的都是虚构的。

巫山云雨

徐：以前我们已经谈过《巫山云雨》了。在《巫山云雨》之前,你有过其他电影创作的构思吗？

章： 有很多。其实我当时最想拍的就是一部关于古人的故事片，这可能和画画有关，因为这些想法都是从画面触发来的。我当时很想拍一部《韩熙载夜宴图》，这是当时主要的一个想法。但是我觉得这是一个空想，稍微懂点电影制作的人都知道这是不可能的。所以就没人理我，大家想这部电影不会有的，因为不可能有那么多钱来拍。

徐： 关于《巫山云雨》的筹拍和制作问题，在以前访谈里我们都谈过了。你曾经告诉我，你选择和朱文的合作有一个很明确的原因，就是朱文很会写对白，而你却很不擅长写对白。那么除了这个原因之外，朱文给你提供了什么样的刺激？

章： 其实当时的投资方是想让我找几个比较大的作家，好对这部片子有保证。当时我和余华认识，然后也通过朋友找到了刘恒。但是刘恒说他正在给香港的导演写剧本，我的这个事情他暂时没时间做。他们的价钱也很高，还说这是朋友价，但是这个朋友价我们实在不能接受，最后我还是放弃了。其实从内心来讲我是不想去找作家的，因为他们都在写小说而不是电影，但是投资方觉得还是要找一个文学上有保障的人。后来我又一直在看小说，我觉得年轻的作家里韩东写得非常好，还有朱文，我觉得他们两个人写得都不错。

徐： 你觉得他们两个的差异是什么？

章： 其实我很想拍韩东写的《新版黄山游》，太不合时宜了，

↑《秘语十七小时》电影剧照
↓《爱情狗》电影剧照

就是现在拍也很不合时宜,太离谱了。我是想说他写的小说是一般人很难想象的,会觉得"它还算是一个故事吗"?像韩东的故事,别人看了以后都会觉得不像一个电影故事,不可能拍成电影的。但是我觉得可以,而且不止一部小说可以。但是从制片的角度不可行,我就没和韩东讲。

徐:这个片子,有很多问题我们都已经谈过了。但我还是想问,在你看来,最终在这部影片的表达中,朱文的成分和你的成分各自占多少?其实这是很难说的,而且按作者论的话,导演应该是主导。但是我们仍然还是从这部影片里发现了和你其他影片的差异。在我看来,这个差异不管怎么样都和剧作者有关系,所以我才问你这个问题。

章:其实从现在来讲,我知道我的弱点在什么地方。我觉得我自己能找到一个比较好的方向,我知道什么是好什么是坏。其实我当时找人是看他的小说,因为小说里某些生动的地方。很奇怪,我觉得从他的小说看写电影还是很可行的。然后我就找他聊,他给我的感觉是很容易就可以达到一个共鸣,而且我们都会认为某些东西是好的。

徐:比如说?

章:比如说我们在南京街上散步,然后我到地摊上拿了一本书。当时他也想拿这本书,其实很多时候都有这种共同的感觉,我觉得这是一个合作的基础。他也有这种感觉。我觉得这是一个非常好的前提,所以能证明这一点,他现在也能拍电影,因为有些东西语言很难说。其实有的时候大家都很能干的,因为大家好像都知道这个电影的灵魂。虽然没说那么多的话,但是我们都能意识到,所以大家都很激动。我觉得在这个电影的层面上达成一致了。

徐:那你们觉得在这个片子里找到的共同灵魂是什么?

章:其实当时我还没想出来,后来我就看到了地摊上那本书,名字叫《在期待之中》,马上就把它抓在了手上。

徐:《在期待之中》,西蒙娜·薇依(Simone Weil)。

章:或者说我想说的想法,用那句话就可以表达出来了。我们一下子就豁然开朗,然后我们才想到人物怎么样去做。接下来我和他讨论的时候就很技术化了，像还有几个很强的段落这样的问题。有这个想法之后我们就一起去了巫山，其实就是去找细节，需要怎么样的具体的模样。开始是去找人物，然后我们去了我讲过的信号台、城里的小旅馆。

徐： 朱文是哪儿的人？

章： 他是福建人，后来在南京生活。他也没去过四川，但是我给他讲了一下这个影片可能的场景和人物。他曾经写过一个短篇小说，是一个寡妇的事情，这个人物成了影片中的人物之一。然后我们还讨论了警察的出场，要什么时候出场？还有就是我去巫山找细节的时候，我们还去了奉节县城，看到一个打戒指的老头在那休息。我们无聊嘛，正好我妈妈给我的戒指戴在手上，然后我说，把我戴的戒指重新打一遍。后来我跟老头之间的对白都用到影片里了，甚至这个老头也出现在我们的影片里，演他自己。

徐： 那比如说像影片里的应召小姐，是在原来的创作当中就有，还是你们在后来实地找细节时找到的？

章： 现在有的也记不清楚了。有些是事先的想法，包括几个主要人物的设计都是有想法的，但事后就有了确定的想法，情节和细节。记得我们在巫山那里晃荡了一个多月，沿着长江，几个县城、小镇来回地去看，在那儿来回地走，是这样一点点积累起来的，其实有些也是即兴拍的。

徐： 影片里小警察这个角色，是个非职业的演员吗？他本人是一个警察吗？

章： 不是的，他其实是一个开发廊的小老板。

徐： 事实上，在整个影片中，这个人物的行动和他的细节给人留下了很深刻的印象。因为他包含了很多的敏感和一些很暧昧的成分。那么这些成分是在创作之初选还是在找到这个演员之后找到的呢？

章： 警察这个人物立体的形象，他应该是一个什么样的状态，还是找到这个人之后才有感觉的。

徐： 还有包括这个警察给麦强剪头发的这些戏是故意设计的吗？

章： 不是，当时是即兴的。

徐： 那这种即兴是他自己的即兴，还是你们的即兴？为什么会有这个即兴创作呢？

章： 当你在拍的时候，自然就会发现好主意。最为即兴的地方就是那个女孩在江边大叫，上下都有轮船的声音，很快就传过来，我马上把摄影师叫过来拍。

徐： 不是她自己出现的即兴反应，是你们的即兴创作？

章： 是。像江边的那个完全是一个碰巧。

徐： 包括影片不同部分之间的剪辑方式这种差异，和场面调度的这种差异，这个是在后期制作的过程中才知道吗？

章： 其实里面的成分没有隐蔽性。

徐： 其实我觉得你的这三部片子，顺序看下来，语言方法越来越成熟，但是这种特别明确的在语言和体验之间的这种关系，反而不像在《巫山云雨》当中那么强烈。所以说《巫山云雨》看一遍就能把里面的基本语言方法记住，因为它和你的感性好像有一个特别直接的连接，而到了后面的影片中，语言特征反而模糊了。

章： 因为控制得太巧妙了，其实有很多瑕疵反而会好。还有就是拍《结果》那个时候，控制生产周期嘛，所有的东西都安排得特别严密。如果你在现场，根本都来不及，一天到晚都弄不完。你不能以一种正常的工作状态去面对。

徐：《结果》的工作周期有多长时间？

章： 大概拍了18天，太工业化了，应该说。

徐： 像《巫山云雨》这样一部片子，拍50天是挺长的了。

章： 但是每天都是累得半死，就是无所适从嘛。拍了很多的胶片。

徐： 那么以这种拍法，耗片比有多少？

章： 耗片比《结果》比预估高一些，160本。对我们小成本来说胶片本数够多了。

徐：《结果》一看就知道是开始构思就很清楚的电影。

章： 也不是。其实那种残缺、那种不清楚是由工艺掩盖着的。

徐： 那部电影的确是工艺很成熟。

章： 因为你和制片方很难沟通。他说这些钱，拍完大概能要多少天？很着急。所有的制片方和制片主任都这样说，大家就很期待回家过年。这个压力很大，但是当时我的想法就是不要管它，过不过年有什么关系，拍完就是了。然后那个时候又都在说，岛上台风就要来了。我很快就妥协了，觉得大家回家过年比电影重要。

徐： 我有一个问题，当然你可以不回答。有一个说法，说在拍完《巫山云雨》之后，你和朱文之间的创作关系有破裂。这个问题是不是真实存在？因为在这次的合作中，让人感到了一个很好的前景。但是在这个影片以后，这种合作关系就不存在了。我听到的某种媒体传闻吧，说你们的创作关系出现了破裂。如果属实，这个破裂是发生在一些艺术观念和创作观念上，还是利益方面的问题？你可以不回答，但是我要提出这个问题。

章： 应该是慢慢地消退。因为他有好的一面，我也有好的一面，加起来会挺好。但是我们两个都有弱点，如果两个人的弱点加起来的话，分歧就会加深。事情往往都是这样的，时间一长，会导致情绪变动。后来我们也有合作，但是都没有成功，有两次都流产了。这个流产给我们搞得很灰心，这个灰心就是出现创伤的地方。其实就是这样。

徐： 那为什么不会成功？是因为投资制作上的问题，还是因为你们创作上的原因？

章： 再合作的话，每个人的想法都不一样。但是我还是慢慢地调整，当时我的投资方第二部已经开始起步了，然后投资方和我说他有事要出趟远门，要很久才能回来。其实我们知道他已经走了，然后给我发传真过来告诉我。传真过来以后，我们大家都很失望，但是我们还是为了这个，讨论了好几天。当时我们都很低落，不知道那个时候电影怎么拍下去。

徐：这是什么原因呢？

章：真是不知道怎么写下一个剧本了。虽然片子市场情况也好，但那是很多年以后通过DVD才反映出来的。因为当时，《巫山云雨》很多人觉得它好，在很多电影节上获了奖，但是你没有让人家投资的人赚到钱啊，这是一个很现实的问题。最终DVD发行商倒是赚了一大笔。所以后来要想好怎么去讨好投资方，你就一定要通情达理。但是你还要玩弄一下自己，但又玩弄不出来，所以弄得就很尴尬。在这之后又有一个机会，刚好我有个事情要找他（朱文），而他也正好有个事情找我。然后他说到云南那边看看吧，刚好那里有一个酒厂想搞影视。我就说去看看嘛，转一圈看能不能产生点灵感。当时我们先是沿着海边走的，那是个冬天，我想拍个有海的电影。当时我这一边想投电影的人给了我们点定金和路费，我和朱文沿着海边去转。我们是先从北京坐火车到北戴河再到厦门，转了一圈回来之后我们搞了个大纲，他又自己写出了剧本，想投电影的那人看完剧本大失所望，我也很尴尬。云南的那个事情是他（朱文）找的。我们去了以后，给人家写了一个电影策划案，酒厂要求要写红酒传教士什么的。这样我们就在酒厂里待了几天，搞了搞那个策划案。写出来以后拿给人家看，但是后来酒厂没有人理我们，我们各自带了几瓶红酒就回去了。像这种事情经历两次就够了。

徐：下面这个问题你仍然不用回答，就是朱文现在是比较重要的青年导演了，他导演的两部影片你都看了吗？如何评价？

章：看过一个。

徐：是《云的南方》吗？

章：我看的是第一个。

徐：《海鲜》对吧。你有什么样的评价？在你看来，你认为不足的地方在哪，他应该向哪方面努力？

章：我们经历完那件事就很少联系了。他第一个片子《海鲜》失去消息以后，大概过了一两年左右，他打电话给我，说他拍了一部片子要我看，就在电影学院旁边的机房。当时我也听说了他用DV拍了一部戏，然后就跟他去那边看。片子正是在我们上次冬天去北戴河看景的地点拍的，旅馆也是那个，也是冬天。看完之后他拉我到边上的咖啡馆，拿着纸和笔，要听我的意见。我说片子开头要改一下，改成往海行进的画面加上画外的火车声，还有去掉片子里那个神经兮兮的老女人的所有戏，就会非常好了。他在笔记本上记着，一副认真样子，他后来也是这样改的。但是他的

第二部还没有看过。如果再合作当然会比各自做的东西要好……不过几乎没有可能性。

徐：我们都期待啊，也许还有可能吧。单就《巫山云雨》，我们就不多谈了。我问一个问题，我看了你所有的故事片和纪录片以后，发现了一个很有意思的现象。就是在你的故事片里，人物都处于孤独隔离的状态，而在你的纪录片里面，所有人都处在相当融洽和谐的状态里。那么为什么会出现这么大的对比，其实都是拍电影嘛。

章：我就是一个人格分裂的人，真的是这样。因为我的性格太冲突了，可能纪录片能满足我性格的那方面，而故事片可以满足我的这方面吧。我觉得人就是这样，有的时候很难理解某个地方，也很难去知道。我现在想拍一个跟过去不一样的电影，我需要这样的机会。我绝对能做到，但是人家不会相信是你做的。人有不同的机会，就会做不同的事吧。

徐：但是我觉得，我在故事片里的这种孤独隔离和纪录片里的这种融洽中，找到了一个非常有意思的连接。就是说你的电影都不"激进"，并且你的电影都是在人性表达上有一个限度，这个限度要让它处在人性和行动性相对来说可以控制的层面之内，起码现在是这样呈现给我的。也许你最初的《秘语十七小时》的构思并不是这样，但是这部影片最后呈现给我的却是这样的结果。而我觉得特别有意思的是，在你的纪录片里，我感到你对于传统的人际关系、这种和谐性融洽以及这种家园感有一种很深刻的认同。我不知道是不是这个原因使你的故事片里的人物在这么孤独隔离的环境下,却保持了一个行动的限度。其实他应该有一个归宿的,在他的内心深处。所以他没有那种全无归宿所产生的不顾一切的行动感。我不知道为什么,但发现这两个有意思的点。

章: 其实我觉得在某一点来讲,我还比较的传统。这个就是像你刚才说的,过去那个年代的小说的影响很有意思。所以说60年代的小说,对我幼年的影响到现在还有一个浮现。

徐: 特别有意思的就是这么多年,虽然你面临特别困难的创作处境,但是你从来没有做出过在制作和创作上所谓的"惊人之举"。这个给我印象很深的,就是你一直就没有做出像别人一样让政府拍案而起、或者是特别愤怒的行为。就是在你的创作里面,有一个很温和的层面存在。

章: 我个人理解,其实在朋友看来,我的写法是最出格的,可能少数人能看出来的。

徐: 这个我知道。

章: 但这个的前提就是我要通过。

徐: 另外就是你在《巫山云雨》和《秘语十七小时》之间跟我谈过的一个观点。我记得2000年的时候,有一次我和你聊天,你说你看了一个什么电视剧,受到很大的启发,说在体制之内还是可以做事的,还能做出不一样的东西。这就是说,你好像一直没有试图去做一个独立电影或者是地下电影,而是一直试图在一个体制相对能容纳的范围内工作。这是你和其他同代导演不一样的地方。

章:其实在表面上不会让他们看出来。一会儿讨好当局一会儿又玩弄当局的勾当,需要相当的能耐,我没有这种资源。而在另外的一个方面上,我的颠覆更彻底,我有一致性,我自己也是这么认为的。

徐:那你认为这个在对你的创作上有没有一定的限制?

章:其实在创作的方法和电影里的事情来讲,我觉得有一些彻底的颠覆。

徐:你个人认为在《巫山云雨》之后,这个彻底的颠覆是在实践当中吗?

章:是在影片里。

徐:你认为它还是在实践当中?有很彻底的颠覆吗?

章:我觉得还是在我的影片里。

徐:或者说,你认为从《巫山云雨》到后来的影片,这种东西是在增强呢还是在减弱呢?

章:我现在还在制作新的电影,还有新的计划。

在期待之中

徐:《巫山云雨》之后你差不多有五年的时间没有拍电影,这个困难来自于哪个方面，就是制作方面的问题？

章：这个可能是我性格的问题。其实我也比较的懒，然后我也没有主动去找人做。而且我也不知道怎么去做，也没有这个门路，都是电影来找我，而且又不让我拍商业片。其实我要求拍商业片，但是又不让我拍。我觉得这个东西让我很滑稽，我以前因为种种原因都拍这种电影（艺术片）。如果一开始就是另外一种机会，然后就变成另外一种导演。有可能会是这样的。

徐：那你很愿意拍商业片吗？

章：当然愿意啊。

徐：那这些年有引起你创作重视的商业片吗？国内外的都算在内。

章：太多了！

徐：说一两部就行，想起什么说什么。

章：国外的以前我写过文章啊。

徐：对，《卧虎藏龙》什么的，说了很多。

章：有一系列片子嘛。

徐：这个我就不问了，我想知道《秘语十七小时》的构思是怎样形成的？

章：我就是想拍恐怖片。其实在拍《巫山云雨》之前我就想过，一直就想拍恐怖片。

徐：剧本提交的时候就是一个恐怖片，对吧？

章：我们去选景的时候是。去选景的路途上，制片老板说咱们的剧本给"枪毙了"，要让我们赶紧改剧本，那我就改呗。

徐：原来是跟"文革"有关系的吧？

章：因为主要有两个意见：第一是太过于恐怖，怕给青少年造成不良影响。第二条意见就是涉及"文革"。当时有九条还是十条，但是这两条我记得最清楚。当时还有意见说在剧本里我盲目去模仿美国的什么什么电影，我都不知道，没看过。然后这是其中的意见之一。那还有主要的意见，就是把这个剧本不符合规定的地方全部都改掉、去掉。

徐：那有没有保留下来的东西呢？

章：保留下的基本上都是与人物有关的几个大环境，像细致的那些场景就没有保留下来。然后还有主要的人物关系，也没有留下来。

徐：那么这个剧本和你最后交的修改剧本、以及成片之间有差异吗？

章：开始的剧本和修改通过的剧本不是一个剧本了。开始的是恐怖片剧本，修改通过的是一个平庸的人受到刺激开始幻想的剧本。通过的剧本和完成片也有很大的差异。我们后来送审的时候，把没什么问题的版本先给人家，但还有另外的一个版本：警察是被他老婆用枪打死。这个成片是没有的，后来的是他陷入一个偶然的境遇，然后被人砍了，是没有交代清楚的。

徐：那你自己觉得这个修改后的好一些还是原来的更好？

章：原来的更好。

徐：那是为什么呢？

章：原来的更清楚，然后还更有力量。

徐：有没有人和你说过，这个修改版的结构更好？

章：他们从来没有看过以前的版本，所以没法评判。只有我知道。

徐：我印象里，这个影片到了它最后出那个事故时候，因为到影片快结尾的时候，仍然在金小蓓和于栋之间进行平行切换。那么好像这个部分是整个影片的最高潮，而且他的结构控制和气氛控制还有场面调动都达到了顶点。而且这时候你的音乐构思也达到了顶点，用的是古琴，因为这个音乐对你来说在这个影片里起到了特别重要作用。

章：我记得在影片里面还有一个吹的乐器是叫"韵"吧，还是叫……

徐：是埙吗？

章：反正是一个吹的，其实很简单。还有一个古琴和一个小号，就三个乐器即兴演奏然后加上电子合成的。

徐：其实我觉得这个部分在影片里是最饱满的，因为它包含了一定暧昧性和暴力性，而且在场面调度上它的信息很多，情绪也很复杂很饱满，所以这是这部片子的最高潮。当然我不能对照着看另一个版本，但还是觉得，也许在检查后的这个版本可能包含了更多的多意性和暧昧性。我只是提出一下，是否有这种可能性？

章：因为加上音乐以后就很饱满，而且有点太饱满了。这个音乐和电影合起来，就感觉有点多余。如果只是音乐也很好，你会有很多的想象空间，但是和电影合起来看，画面基本是死的。

徐：可能是留白太少了。但我还是觉得非常好，但这并不重要。我说的是这个片子因为有过体制化的修改，它的风格和形式从一开始就比《巫山云雨》有更明确的构思。

章：是更混乱的，马上还有十来天就开拍了，我们还得修改剧本，弄得很仓促。

徐：由一条信息（一个警察）引起的种种猜忌和误会这个构思，是在原剧本里有的呢，还是在修改的过程中发现的呢？

章：原剧本有类似于这样的东西，但是跟那个不一样，效果也不一样。现在的这些东西显得有点啰唆，不是很自然。如果做的是类型片（恐怖片），它需要那种假定性。而现在改出来的东西里，像过去那种刻意的假定性还遗留着，没有减干净，所以就很不自然。

徐：因为影片现在其实应该有一个很日常化的体格。

章：因为还没有很日常化，过去的那种痕迹和一些刻意安排的东西还存在，比较明显，加上音乐就更刻意了。这个片子我满意的地方，已经跟几个韩国人说了很多，现在说的都是我不满意的。

徐：这个东西是不是也影响到其他方面？除了在结构上的影响，是不是也影响到画面和对白上。尤其是影像上，因为我注意到影片开头的第一个段落里，其实有一个很特定的组成方式：第一个镜头，是以于栋的背影作前景的一个全景镜头。这个全景镜头之后，有一组相互切换的镜头，处理了一种互相分离的人物关系，就是于栋和他的妻子，还有金小培，他们处在三个相互隔离的空间中。这个方案是不是很刻意的做出来的方案，还是相对本能做出来的方案？

章：相对本能做出来的。

徐：因为最后你会发现，他们三个在这个分隔空间当中，他们之间是没有关系的。这仍然是相对本能做出来的镜头设计？

章：因为在这之前好久，记得跟人家拍一个结婚周年的家庭聚会录像，我不喜欢那个男的，我喜欢那个女的。

徐：哪个男的？

章：就是这个家庭里面的男的，拍出来以后，他们发现那个男的和这个女的本来是坐在一起的，但是录像里感觉完全没有坐在一起，离得很远，就拍出了这种效果。

徐：还有一个问题，就是你第三个影片除外，前两个影片里都使用了警察形象，而在第三个影片里用了一个侦探的形象。你曾经说过，欧洲观众对警察的这个设置感兴趣，是因为这个警察既不像好莱坞那样的好，又不像有一些欧洲电影表现的那么坏，而是处在生活与困惑之中的一个个人形象。这没有问题。但是我想知道，你在影片里，有没有很特定的理由去选择一个这样职业的人物？

章：这个是刻意的选择，因为很显然中国的警察就是到现在还有这个感觉，就是一个体制的象征，起码从最浅显的意义上说就是这样的。但是你可以去瓦解这个东西，因为过去我们在银幕上见的警察已经没有意义了，不是几年前的情况了。但是这个东西很敏感，很容易就不能通过。

徐：除了这种比较社会化的原因之外，还有个人的原因吗？我一向的看法是，一个人去选择一样东西的时候，不可能是纯然的社会性的选择，它也涉及个人选择。不同职业的选择，涉及你的兴趣和特定欲望。

章：其实我小时候对警察特别恐惧，我想在银幕里就不会那么恐惧了。像这两件事都是这样的，说明我的接受力很强。

徐：我觉得事实上在我看来你的影片里有一种特别潜在的暴力倾向，这个在《秘语十七小时》有表现，就是你原来的那个构想比现在的这个构想更为明确一些。那么这个暴力的倾向是不是你潜在的一个冲动，甚至还是某种更久远的遗留物？

章：其实拍电影没必要受到影片的什么影响，可能是你在拍的过程中发现的。其实我也用不着去想。

徐：对这个问题我只是随便问一下。我记得安东尼奥尼说过一句让我印象很深的话。他说其实在他的生命当中有很暴烈的成分，而他总有一天会把它释放出来。他的风格好像和暴烈没什么关系，所以他说的这句话给我印象很深。后来我在他一些60年代末70年代初的影片里，很清晰地看到这种暴烈。所以我就有这样一个问题，因为这种暴力倾向好像和你通常的风格也是不太一样。

章：是哪个？

徐：最明显的是《扎布里斯基角》。那么《秘语十七小时》在国际电影节上影响怎么样？

章：也参加过很多电影节，一些电影评论活动我也去过。其实过去给《巫山云雨》写过评论的人，过去比较喜欢我的那些导演，看了这以后不知道该说我什么。我自己也很尴尬。说我好不是，说我不好也不是，大概就是这个样子。

徐：那国内的状况怎么样？

章：差不多都不行。

徐：那这个影片发行了吗？

章：没有发行。

徐：只发行了DVD对吧？

章：对。

徐：后来有买这个片子的电视台吗？

章：有买的，但是还没有播。

徐：那成本你们收回了吗？

章：他们都把自己的成本拿回去了，只有我大概亏了40万左右。

徐：这个影片最后的成本是多少？

章：140万左右吧。

徐：那你在创作这个片子的时候，有对自己比较满意的方面吗？因为你肯定有相对不满意的方面，那么有满意的方面吗？

章：我觉得总的想法我非常满意，但是一些技术问题上不是很满意。

徐：那你在技术上和总体上的不满意是在什么地方？

章：其实是演员的困惑。我觉得很大的问题，就是时代不同了，当时我没有想好，但是现在没有办法去改变了。我感觉整个演员的状态都没出来，我觉得我生活的那种质感没有出来，我想保持这种东西。我当时也意识到我在演员的技术处理上有失误，但我是一个时常妥协的人。

徐：《结果》和《秘语十七小时》的间隔不是很长，在它们之间曾经有过什么别的计划吗？

章：有过很多的计划，主要是有一个拍《黑暗传》的计划，还有两个商业片剧本,但是都搁在那儿了。那个《结果》是一个临时的想法,很匆忙,很快就完事了。

徐:是你有想法她(指剧作者海个)实施的呢,还是她独立写作的,或者还是她有一个剧本推荐给你呢?

章:我们俩去旅行的时候有的想法。我们认识时间不长就去旅行了,我们先去的北海,然后又到了越南。

徐:为什么会产生这么一个故事呢?

章:因为环境嘛。

徐:现在看起来,《结果》好像是你所有作品里最抽象的一部。那么这个作品的剧本创作大约是多长时间?

章:时间很短。

徐:大约多长时间?

章:因为剧本写得很快,写完一个月以后就开拍了。

徐:为什么这么快就找到了投资呢?

章:因为先有投资的意向才去写的嘛。

徐:那这个投资的意向是什么?

章:差不多是同时产生的。有投资的意向,然后我们也刚好去旅行,我们是从海南到北海,他们(投资方)正好也是到北海,因为他们在那边有朋友顺便去的。

徐:那投资方的意向,只是想拍一个艺术片呢,还是在这个之外还有其他的意图?

章:当时只想拍一个低成本的艺术片。

徐:还有其他的吗?关于故事类型的。

章:没有,他们只是想拍艺术片。

徐:当时是有一个附加条件就是他们的老板要演这个角色?

章:没有,是我让他演的。

徐:哦?那和我听到的版本非常不一样,我听说,当时只有一个男主角贯穿到底,后来应他的要求就成了两个人。

章:没有,那是另外一个人了。其实两个投资方都在里面演角色,你说的那个投资方本职就是演员,是香港人。

徐:那他的角色是什么?

章:是第一个男人。

徐:就是第一个侦探!那另外的投资方呢?

章:是演那个消失男人的哥哥。那是我让他演的。

徐:这和我听到的不太一样,据说原来剧本中只有一个男主人公。

章:本来她写的剧本,是一个男人在过程当中逃避的故事。但是投资方跟我说,他要演主角,就把男主人公一分为二,香港投资方演前面这个,我选的演员演后面这一个。原来的主人公就是后面的那个男人。本来我是想在岛上拍的时间更长,结果就拍了一天半,很仓促。本来我是打算在岛上拍四天到一个星期，那么后半部分和前半部分就会完全不一样了。

徐： 我觉得，在你的三部片子看来，从表层的意义上来说，安东尼奥尼色彩有所加强。

章： 那段时间可能是我最喜欢安东尼奥尼的时期。布纽尔（Luis Bunuel）让我知道不好的镜头画面也可以形成好电影，但安东尼奥尼让我知道怎样拍出真正好的镜头的画面。资产阶级是安东尼奥尼那个时期欧洲新兴起来的主要阶层，安东尼奥尼自己也是资产阶级。他的镜头画面的品格也完全是资产阶级的，而我们现在只有暴富的阶层和多数的穷人，所以我的电影没有资产阶级品格的画面；问题在于我的电影既没有富人理解的画面也没有穷人理解的画面，《巫山云雨》的时候也许还有一点中国文人赞赏的画面，到了后来的片子，中国文人理解的画面也没有了吧。我想，资产阶级生活在中国还不是现实。《结果》并没有安东尼奥尼的色彩，它没有我感受到的资产阶级电影那么繁复、经典的艺术趣味，它是一个中国人感受得到的电影画面。

徐： 但就是从表层来说。

章： 而且我知道下半段拍起来会有那个抽象的毛病，但是我没有办法。

徐： 在《秘语十七小时》里面非常清晰地显露了《奇遇》的影

子。而在这个片子里,我看到《奇遇》和《一个女人的身份证明》这两个作品影子。

章:《一个女人的身份证明》这部影片我非常不喜欢,所以我没怎么用心看。

徐:当然对你来说后者是不存在的,但是在叙事上非常相似,就是一个在找寻和逃避的男人的故事,两个女人一个是过去的、一个是现在的,而且后面那个女人都怀上了另一个男人的孩子。但这并不是最重要的,这个片子跟《一个女人的身份证明》可能有一个共同点,就是在以往安东尼奥尼的影片里,社会的、文化的,以及精神分析的所谓不同"分节"都沉淀在事件里,那么到了《一个女人的身份证明》里,虽然它是一部很美的片子,但是它在问题多重性与开放性上变得很弱很弱,只剩下一个男人的内在困境,就是他在爱或者是欲望的问题上出现的困惑问题。在我看来,这个封闭的情形也呈现在《结果》里。就是我刚才和你提到的,你的三部片子中,这种多重性处在一个递减的过程中。

章:《结果》的剧本,当时叫《怀孕》,按我的打算是要写一个捉奸的故事,通俗而且激烈,是我一个朋友的事情。但你知道,我又妥协了。至于照现在这样拍下来的影片,我很清楚它的问题,我也知道怎么能把它拍得更好。

徐:那你说它的问题在哪里呢?

章：很简单。比如说影片第二段第二次去岛上,而岛上有很多的渔民……影片里的人物应该多和渔民接触,但是这些完全是剥离了。

徐：为什么会剥离了呢?

章：我们没时间啊。因为我们拍第一段的时候,是和第二段同时拍的,全都集中在这个地方了。这个演员拍一遍,那个演员再拍一遍,就很快嘛,一天半就拍完了。如果我第一段这样拍,第二段不这样拍的话,就要另外安排时间,起码要三天时间才拍得更为具体。因为我选景的时候也拍了很多岛民渔家的照片,男女主角可能都住在那些岛民家,所以可能就是另外一个程序,是完全不一样的。现在的片子里,我感觉这些人就是不食人间烟火的。后来想一下,当时还专门去想他们怎么吃饭,但是没有去解决问题。

徐：还不解决问题,因为他其实是有那种抽象架子,但是没有质感。

章：有些场面其实也不是我们刻意的,它本来就存在这种东西的,岛上本来存在一些易于引起抽象象征的场景和物件,比如大海,还有教堂、沙滩上的舵……这些都是我们在岛上才见到的。

徐：不要紧,这不是问题所在。

章：因为影片没有去刻意地表现自己,其实镜头里的事物本身就是这样的,然后演员在这样的环境里自然还包含了很多情绪的东西，包括我们看上去很简单随意的东西，就这样都拍上去了，感觉好像就是刻意做上去的。没有办法，拍得很熟练、很快。其实就是拍得太有章法了。

徐：我个人认为，这类影片其实有两种主要选择：一种选择就是它的抽象构思和非常质感的事物表层结合，这里最典型的是安东尼奥尼的影片；比如说阿涅斯·瓦尔达（Agnès Varda）的影片也有这个特点，事实上我老认为《短岬村》之所以能成为新浪潮的开端之作，就是因为这个原因。还有一个选择，就是把抽象性做到头，但是这个抽象性里包含了最大的心理压力和思想力度，比如说阿伦·雷奈（Alain Resnais）在《去年在马里安巴德》中，就做了这个选择。那么《结果》是不是在这两方面都有所欠缺？就是说他既没有做到抽象性和质感的高度结合，也没有做到在抽象性里表达强大的心理压力和思想力度？

章：其实我们拍的时候没有那么多的想法，也没有那么多的野心，在这两方面来说。其实当时我们想做一个女孩怀孕的故事，就是想做一个彻底理想化的电影，但是在拍的过程中就不很理想化了。

徐：我感觉问题在于，在这部影片里，我们没有能够进入电影创作和艺术创作"入乎其内、出乎其外"的状态。就是这两个女孩的生活状况，我们都没有进入。她的怀孕在她生命肌体和情感上产生的反应，我们没有办法进入，所以它就变成一个空中楼阁。但是在这个影片里，我能感受到一个失意的或者是失败的男人和一个迷失的女人的故事，最后它表达的是这样的一种感情，因为这个男性是一个失败者或是一个失意者，而这个女性是一个迷失者或者一个无望的盼望者。这或者仅仅是我个人的感受，但是这个感受还不够有力，因为影片好像没有往深处走。

章：还是拍得有问题。其实你可以把它拍好，哪怕不要有那么多复杂的思想，就是把正常生活的东西拍好，也是非常好的。

徐：那问题是不是缺少一些场景，或者是渔民生活？是这些问题或者是其他问题？

章：没有，这只是一个创作方法问题，这些创作方法是可以改变的。

徐：如果今天再让你来处理这个电影的话，你会把它往哪个方向去发展？

章：会向日常化的方向发展，会让它更有质感，因为他是一个真真正正的人，一个真实的状况，就是更为环境化一点，然后从画面上看起来会很融合。现在就是把他抽离化了。当然，要做到自然是难的，这个世界上只有少数几个导演做得到。

徐：那这个抽离的状况，除了在电影的制作过程当中所出现的问题，包括拍摄周期所有形成问题之外，有没有你个人作为创作者的原因？

章： 其实当时我已经没有办法来改变这个事实。当时如果我坚持的话，我可能会改变。但是胶片已经没有了，就是坚持的话也没有用了。再说他（投资方）也不可能再给我买胶片了，因为我已经增加了十本胶片了。

徐： 最近的中国电影中，有没有值得你重视的影片，为什么会重视？

章： 我觉得在某种程度上讲，中国电影不要拍得太好，也不要拍得太烂。因为你要是拍得太好，观众就不会去看；要是拍得太烂的话，观众可能会去看，但是会骂。就是恰到好处，就像各种颜色都要恰到好处。

徐： 你觉不觉得你现在的这个想法，其实会变成对你创作有障碍的问题，就是说不想做太好也不想做太糟。

章： 我说的都是好的想法，没必要有什么结论吧。

徐： 或者说，你觉得这个片子是像配料一样配出来的呢，还是认为在这个电影的创作中还是有未知性与创造性？

章： 一旦你做商业电影，或者说是工业化的电影，当然是要做好的。

徐： 你现在有什么计划？对自己以后的创作，有什么期待和愿望？

章： 现在可能会拍两部电影，一个叫《红草莓》，是警察卧底的故事……

徐： 又是警察？是不是有个人心理倾向？

章：这不是有个人心理倾向，这是一个偶然的发现。因为我们有一次机会正好去采访一个卧底，这个人当卧底才17岁。初中毕业、16岁就被招到特训基地，训练了半年，然后干到22岁。干了五年就退休了，因为这是对他身体的考验，什么打呀杀啊，然后精神也崩溃了。他说以后不再干这行了。他喜欢一个女孩，但是那个女孩不喜欢他，而是喜欢他的敌人，就是他卧底的对象，尽管这样他还是喜欢那女孩，大概有一年多，这是一个很经典的故事。

徐：是商业电影。

章：其实这是一个事实。可能眼下真正要拍的一部是叫《爱情狗》的影片。一个男人为了喜欢一个女孩子，不惜像一只狗一样。喜剧片。具体开拍日期还不知道，摄影师和工作人员都已经过去了（成都），而我现在还在北京。

徐：那么现在过去就是做其中一个的准备工作？

章：现在没必要去做准备。

徐：你希望这两部片子是一个什么状况？

章：这个影片希望它是商业片，因为我写的这个角色很生动。影片不要做得太烂也不要做得太好，按我的标准如果做得太好票房会上不去，呵呵！

徐：好吧，差不多就到这儿。我就是希望，不管它做的是比较商业一点还是艺术一点，我都会感到很庆幸——这是一个很快乐的事！

章：可能还是另外一种机会。

徐：投资方是哪里的?

章：可能会是巨星找一些投资方来。

徐：终于改变了愿望想让你拍一个商业性的电影了。

章：事情都很难预料的,希望能拍成。

徐：这两个素材哪个对你更有冲击力?

章：都差不多。

徐：那我们就祝你一切顺利!

章：谢谢!

徐：谢谢你! 我们就谈到这儿吧。

朱文 & 翟永明

我的电影不能没有诗意

访谈人：翟永明 朱文

访谈时间：2006年9月8日

翟：朱文，说起你的电影，许多人都觉得很神秘，很奇怪，因为极少有人看过，但又得过很多奖，所以就更让别人加以想象。我倒是两部都看过。柏林电影节那次《云的南方》首映式，完全是凑巧，被朋友带着去看了。后来放映怎么样？

朱：挺成功的，几乎场场爆满。

翟：一共放了几场？

朱：五场。柏林电影节青年论坛有一个艺术院线，后来买了《云的南方》的版权，在德语地区的一些影院放。乌利希（青年论坛创始人）告诉我说票房很好，电影挺受欢迎。

翟：对，后来我在地铁碰到DAAD的负责人，她背着包，说是去看你的电影。她后来说看了电影后很喜欢。其实你很早就介入电影了，是不是？我认识你的时候，你正在写《巫山云雨》的电影脚本，《回家过年》是不是也是你写的？

朱：《巫山云雨》是根据我的一个短篇小说《我负责调查的一桩案件》改编的，这篇小说最早还是发表在《今天》上的。《回家过年》是我的第一稿，和余华等合写的。《巫山云雨》电影里有一个细节，你记得吗，一个人不停地打电话但是总是打不通，灵感哪来的呢，就是我在巫山体验生活时给在成都的你打电话，当时的巫山通信非常落后，打通一个长途电话就像摸彩票中奖一样难。

翟：现在看《巫山云雨》是不是多少有点儿想自己拍？

朱：没有。这部电影是有些遗憾，导演章明当时也是第一次拍电影，没有经验。他是土生土长的巫山人。钱也不太够，但是就这样了，遗憾的艺术嘛。就是作为文献片，现在看来也有一点意义。

翟：那天我在白夜碰见一个人，他说以后要看真正的巫山县，就只有在你的电影里看了。

朱：对，对。当时拍这部电影就有这样的考虑，我把三峡工程作为一个元素放到了故事中。形式上也非常有贡献。关于90年代的江边小县城的生活。它和时代有一点错位，可能好电影都有一点错位，不能马上被消费掉啊。我看到很多评论，有人评价它是90年代的《小城之春》。这应该是很好的评价吧，虽然我一直看不出原版的《小城之春》有多好。

翟：当时没有说你去拍？

朱：没有这想法。当时刚辞职，在专心写小说。

《海鲜》电影海报

翟：辞职前你在什么地方工作？

朱：辞职前在一家火力发电厂工作。我大学学的是动力工程，专业对口。

翟：有很多中国电影如果不能在影院放映，你觉得有意义吗？

朱：就是这样一个现实，不是你能左右的。我说过，在当代中国，电影领域是最落后的一个艺术领域。种种因素让你举步为艰，尤其对一个年轻导演而言。像《云的南方》这种电影，拍出来我还算满意，但已经就算非常走运了。

翟：观众的看片取向也是问题。比如王超的那部电影《江城夏日》，观众就根本没人想看，院线也不愿上。观众和导演的取向完全都是两回事，观众根本都不进入你的层面。这个我也觉得是一个问题。

朱：这有一个过程，观众和电影工作者要慢慢适应对方，慢慢培养对方。就像谈恋爱一样，先拉上手对上眼，再说别的。

翟：如果观众和导演的欣赏水平和关注的兴趣点在同一个层面上了，他们就会互相了解。观众也就爱看他们的电影了。我觉得现在盗版碟在中国培养了不少具有高端口味的观众。很多人想看你的电影了，都是通过盗版碟那里看到的，不是通过院线里看到的。

朱：我的电影盗版碟都看不到。

翟：为什么呢？

朱：多方面原因。我个人在这方面不太积极。

翟：为什么呢？你不愿意被别人看到么？

朱：我觉得暂时看不到，也没有关系。做一部电影真是一个漫长的过程，每次到最后完成时，我早已经烦了，就想丢下，就想把它摆脱掉，什么也不问。而现在的情况是什么事都要导演自己去做。我的态度是，能不做的就不做，连谈论也不想谈论。

翟：但是盗版碟就没有这个问题啊？你只要把版权卖给别人就完了。不用你去宣传。

朱：拥有《云的南方》国内版权的公司倒闭了，所以它的发行被耽误了。《海鲜》是另一个问题，它的投资人不希望在国内传播这个电影。他们觉得这个电影会给他们带来麻烦。

翟：那么你现在就弄成一个比较神秘的导演了，国内一直都没有多少人看到过你的电影。

朱：这也不错。等我办回顾展的时候一起看吧。

翟：我觉得中国电影业的现实很难改变。简直太困难了。

朱：已经在变，只是不是大家希望的方式。我们希望的方式，不会有的。个人能做的只是适应它。

翟：国外不管怎样都有它完善的院线，有它完善的渠道。

朱：对，中国的电影市场是一锅烩，没有商业片、艺术片之分。导演的问题是在求生存。你能在这个体制里面能有

《海鲜》电影剧照

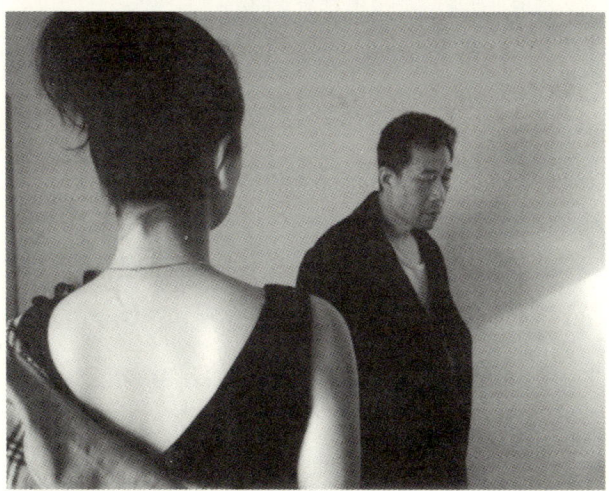

《云的南方》电影剧照

饭吃，能在这个市场站住，就算成功了。但如果你还要追问：我为什么要吃这碗饭？这个事情就很难再做下去了。想当年开始写作的时候，会天真地想这个状况未来会好一些，最后的结果是，什么都没变，是我们自己变了，变得宽容了，随和了，麻木了。

翟：那年轻导演怎样看待目前这种状况呢？

朱：我不知道他们怎么看。很多年轻导演都有所坚持，虽然他们的来历不一样，但我觉得他们都比以前务实。

翟：那你说现在电影环境如此糟糕，为什么还有那么多人前赴后继地去拍，你觉得是怎么回事？

朱：那当然。这个行业很现实，金钱美女！从某种角度说，电影就是这样一种虚荣浮华的艺术。老百姓有时比电影工作者还关心电影，有那么多人前赴后继就不奇怪了。

翟：对，现在许多人都在说我有一个电影梦，然后说我想要拍电影。我觉得你刚才说得挺好，电影其实就是一个浮华世界，虚荣的世界，镜花水月一样的诱惑，让人有一个幻想。

朱：对，尤其是年轻人。所以一定永远会是前赴后继的。

翟：照理说中国电影现在这个状况，本该很多人都不愿意做了。但反而更多的人前赴后继地来蹚这道浑水。

朱：我觉得这跟电影的普及有关。跟盗版的普及有关。

翟：对，我觉得这也跟我们现在所处的时代有关，与读图时代有关。现在所有人都觉得文字太边缘化了。但影像的诱惑力却比较大。电影更是如此，可以给有抱负的人一个阶梯。

朱：对，看起来拍电影肯定比写东西要吸引人一点。因为影像直接、立刻抵达，但是也正因为如此，文字才更有魅力。

翟：所以刚才我问你为什么不愿意让更多的人来认识你，既然你选择了拍电影。

朱：这跟我的性格有关。我觉得我的电影，和我的小说一样，已经得到了很多的关注。当然也许会得到更大的关注，这都是顺其自然的事情。现在我可以继续拍，也可以继续写，这就行了。我对"量"一直没有多大野心。

翟：我是这样，当然我也没有这么大的能量。

朱：你真是要对"量"很有野心的人，才有热情，才有"量"的征服欲，真的有巨大的热情，你才可能去克服重重困难，这事勉强不来。

翟：你觉得你热爱电影吗？

朱：我喜欢吧。

翟：你以前爱看电影吗？

朱：还可以。我干的时候很热爱，不管是文学还是电影。但我也放得下。不够敬业！

翟：也不是不敬业，我觉得放得下也是一种境界啊，一种很高的境界。拿得起很容易，放得下可不容易。

朱：在这个问题上请一定批评我，别让我更懒散了。我想跟我性格有关，跟海洋性格有关。我慢慢地了解我父亲我爷爷我出来的那个地方，我觉得他们都很放得下的。我爷爷是靠海吃饭的渔民，我爸爸是半个渔民，然后独自从家乡出来谋生这样的。我妈这一系是漂洋过海的华侨，与海也有着千丝万缕的联系。我的第一部电影叫《海鲜》嘛。

翟：那你拍电影取名"海鲜"有没有与这有关？

朱：鬼使神差，不是自觉的。我是在内地长大的，成年前没见过大海。但我一直很喜欢吃海鲜。最早内地吃不上新鲜的海鲜，只有腌货、干货。我印象中只有我们家吃，周围人家都不吃。后来长大了四处旅行，去海边总是优先的选择，看到海就高兴，闻到海风就舒服，觉得有营养，但是也没有细想。还是拍了《海鲜》以后，我必须全世界地去介绍这部电影，回答大同小异的问题。有一次我忽然想到，噢，原来是这么回事！是血液里的记忆在起作用。第一部电影拍《海鲜》看来不是偶然的。

翟：《海鲜》和《云的南方》你更喜欢哪个？

朱：我更喜欢《云的南方》，因为《海鲜》的那个方式，和我的小说一脉相承，而《云的南方》有所突破。

翟：不是说方式。我们不谈方式，就说从电影本身，你更喜欢哪部？

朱：《云的南方》。拍《海鲜》的时候什么都不懂，说拍就拍了。

翟：但是也可能正因为你不太在意那个专业的框框吧？我觉得海鲜里面一些东西还是比较独立，比较带有个人色彩。

朱：这两个电影都有很浓的个人色彩，都很独立。问题不在这。《海鲜》和我开始写小说时犯了同一个幼稚的错误，就是出手太快，一遍写完就拿出去发表了，以为自己才大气粗。我自己清楚，我是有机会让《海鲜》更上一层楼的，但是错过了。现在只好去接受《海鲜》作为我的处女作吧。

翟：是不是当时看别人拍的电影都不是特别顺眼？

朱：不是和别人比。就是自己要拍电影。

翟：你为什么要拍电影，你又不热爱拍电影。

朱：电影就在手边啊。拍电影以前，我已经停止写小说，晃荡半年了。当我决定做一件新的事，电影正好在手边。当时也有朋友整天在我身边说：你拍电影肯定牛逼。

翟：那你当时拍电影是因为别人叫你拍？

朱：也可以这么说。如果当时戏剧正好在手边，我可能就干起戏剧来了。

翟：那可不一样，很多人叫我拍电影，我就从来没动过念。

朱：你拍电影，我们都不答应。翟永明怎么能干这么无聊的事呢？

翟：有没有觉得自己的才能还可以做写作以外的事情。

朱：我一直觉得，写东西、拍电影什么的，我干这些事都是不得已而为之，都是退而求其次，因为生活中没有更有趣的事情可以让我去做。

翟：那什么是你觉得有趣的呢？

朱：现在还没找到。

翟：我还算多少了解你，我原来还想，你有可能不再拍电影，又去干别的了。我想你有可能下一步去当一个艺术家。

朱：你指的是艺术家那个行当吧，我没想过。

翟：你前面讲了很多，把现在电影业的现实都归结到审查制度。假如我们说中国电影完全开放了，你认为我们的电影会像韩国一样，会有很好的电影出来么？

朱：会的。我不完全归咎于审查制度。

翟：我也不完全归咎于审查制度。现在所有问题都可以推到审查制度上面，但我觉得还有其他问题。导演本身也很有问题。

朱：一个国家电影工业的成熟，每个环节都要有非常成熟、专业的人员。相对于导演，我觉得好的制片人更加缺乏。我的两部片子，都是自己做制片人。是没有办法的情况。

翟：那你觉得除了这些之外呢？中国的导演自身才华、自身对电影的思考和追求有没有什么问题？

朱：现在我比较能理解别人。尤其是年轻的导演，我都由衷地表扬他们。谁能说清自己的才华有没有问题呢，优点也是缺点，缺点也可以是优点。对电影的思考和追求也与他们的现实处境有关。

翟：也就是说中国现在没有一个足够的空间，让他们把自己的才华和想法发挥到极致？

朱：对，我觉得他们比前辈困难得多。另外成长的节奏也不一样。和老一代比，我觉得年青一代的起点比较高，他们应该能做出更大的成绩。

翟：我觉得中国电影现在比较怪，比如陈凯歌他们现在都很热衷于拍那种与国际接轨的片子，全球化的制作模式，都是些大制作，动不动就几个亿的投资。但拍出来的都是些没有背景的、概念化的、假大空的东西。年轻导演都是踏踏实实的立足本土，拍一些与现实有关的电影，但他们连几百万的投资都很难找到。

朱：我觉得现在全社会都是向钱看，评判成功与否的标志只有一个：就是钱的标准。电影也不例外。第五代的成功导演，其实也就是那两个人，在比着挣大钱，看起来他们很缺钱的样子。

翟：可能钱都成为评判他们是否成功的标准了。不光是外界，他们自己没准也这样判断了。

朱：我觉得中国可能要过个三五十年，才能从钱上缓过劲来。

翟：对，因为中国人前些年穷怕了，一切都处于空白，现在是一个完成积累的过程。可能现在大家都还处于一个穷凶极恶的时代。对钱、对名、对利都穷凶极恶。

朱： 要过三五十年，大家才会注意"不要吃相那么难看"啊。

翟： 三五十年太远了，现在还是有那么多人都想拍电影，等不了那么久。但确实电影会遇到很多非常困难的问题。

朱： 你如果是一个有才华的导演，要拍一些符合市场规律的电影，我相信不难。一次两次对着市场打偏了，校正一下准星，总会有打中一次的时候嘛。港台导演做到了，他们有市场的基本素质，大陆导演一点儿问题都没有。但你要先想这样的影片是不是你想拍的。我自己对商业电影并不抵触。在周末你去看电影，谁都愿意看一部搞笑的、轻松的电影，谁也不想去受教育，这很好理解。

翟： 你觉得国内导演在商业片上有很成功的例子吗？

朱： 有啊，冯小刚，还有张艺谋什么的电影，商业上都很成功啊。不管你喜不喜欢。

翟： 还有一个问题，现在张艺谋、章子怡这样的人都在一个全球化的背景下，获得了个人的最大成功。他们现在追求的是一种所谓世界电影，拍的都是些没有背景、不知年代、空洞无物、充满东方奇观的"全球化电影"，靠的也是全球资本的支撑。这样的成功模式会不会对年轻导演形成一种诱惑，就是说，当机会没来时，拍地下电影，争取在国外获奖。当机会来了，当全球性资本真到手边来了，也就当起张艺谋、陈凯歌第二了。毕竟这是成为世界级导演和创造票房神话的保证啊？

朱：能多几个第二也不是坏事啊。什么样的导演都有，什么样的影片都有，不但有而且都能生存下去，那么中国电影就有意思了。

翟：听说你很想拍韩东的《扎根》是吧？

朱：对。我对这本小说特别有感觉。

翟：是拍电影还是电视剧？

朱：拍电影。投资先不论，先算周期，想要拍四季，根据我的设想做到位，我算了一下，加上筹备，这个项目需要我在农村至少待上两年。我跟韩东开玩笑说，你是写一本《扎根》，害得我要在村里真的"扎根"了。

翟：说到表演，当时拍《云的南方》的时候，主角起用李雪健，有没有考虑院线等这些放映的因素？还是你只考虑他的表演？

朱：其实没有。我喜欢他的表演，他不是那种有票房的明星。

翟：你是不是当时觉得他有点儿票房号召力？

朱：没有，没有。最开始没有考虑李雪健，因为那会儿他因为癌症已经淡出影坛。后来田壮壮告诉我，李雪健已经康复，可以演戏了。我一见他，就觉得他合适，当即就拍板了。《云的南方》是他复出的第一部戏。还有一点，李雪健有大难不死的经历，正适合"徐大勤"这个角色。他是个演技派的演员,"老戏骨"那种,和他配戏的,我几乎全都起用业余演员,使他能融入整部影片的调子中。

翟: 我觉得正因为别人是业余演员,他是专业的,所以很容易就看出来他的专业痕迹。

朱: 要让他在那么短的时间里做到不露痕迹很不容易。其实李雪健,我觉得他很草根,他不是专业学院出来的,不是那种专业演员。他的演技都是自己琢磨出来的,他是有天分的,中国老百姓也特别认可他塑造的形象,比如焦裕禄。

翟: 确实,我当时在美国看他演的焦裕禄,真把我看得有点儿感动。说来惭愧,我回想从小到大,我都很少在电影院里流过泪,但在美国时,看得真有点儿泪流满面。你想要把焦裕禄这样概念化的一个角色,演得让我这样一种人感动流泪。他的演技真的还是很不一般。

朱: 宋江也演得好,味儿传神极了。

翟: 其实《海鲜》里面演男主角那个,我也挺喜欢的。

朱: 成太生,后来又演了贾樟柯的《世界》。他们说我的电影是旺男人的,因为这两个男主角都因为我的电影得了影帝,成太生是在南特三大洲电影节上获得了影帝称号,而李雪健是在中国首届导演协会年度奖上获得了"最佳男主角"。

翟: 你本身从写作和拍电影两方面,也是一个关注男性问题的人。你的作品比较关注男人视点。我觉得你的电影也算男性电影吧，里面的女性角色比较弱，我说的弱是指角色本身。

朱：是啊。谁叫我是男人呢。

翟：我觉得男性一般都喜欢你的东西，女性可能有的会排斥一些。

朱：不一定吧，你在别的男作家作品里见过对女性特别关注的吗？

翟：我在韩东的小说里看到过。

朱：韩东崇拜女人，我比不了。

翟：不是崇拜，恰恰不是。我觉得从他小说里，可以感觉他对女人的态度是很平等的。不是男女平等的概念。是没有孰高孰低之分，男人女人的优势劣势都是势均力敌的。这也许与他的经历、他的感受有关。他小说里，会给女人一个对等的位置。

朱：被骗了吧，哄女人高兴的才是大男子主义。这是一个男权的世界，是事实，我只是没有掩饰而已。

翟：哈哈，看你这个理论里本身就有大男子主义的东西。你首先就把女人看成头脑简单，容易头脑发热的人，一哄就高兴。韩东呢就不是如此。这么说吧，你以后会不会拍一部女性视点的电影？

朱：为什么不呢？

翟：你关不关注第六代导演的电影？

朱：关注啊。

翟：比较喜欢他们哪些人的电影？

朱：挺多的，小贾，从《小武》开始，开创了一种全新的风格，小帅也是越拍越好，越拍越深入。娄烨，唯美，挺个人化的，我跟他开玩笑说，他拍的是作家电影。王超也是作家电影，很认真、严肃，我很喜欢。还有陆川，不知道算不算第六代，他的电影是另一个路数，也很好。还有……

翟：那女导演呢？

朱：女导演本身也少吧。

翟：你看过李玉拍的一部《红颜》吗？

朱：《红颜》我没看过。怎么样？

翟：《红颜》我觉得很好。她比较从女性视觉出发。它的故事太陈旧了，但我觉得主题和细节挺好，她处理得都很到位。

朱：听起来已经不错。

翟：你觉得技术对电影重要么？

朱：重要。电影的技术决定着电影的品质。

翟：你好像是一个动手能力很强的人。自己写剧本、自己制片、自己导，有没有自己动手剪辑？

朱：剪辑很关键，当然要自己干，导演只是不动手操作而已。

翟：你的片子都是你剪的么？

朱：可以说每一刀都是自己剪的。但是到头来发现每一刀都是自己剪的,也没什么意思。

翟：没请专业的剪辑师吗?

朱：当然有,但是剪辑师听导演的。

翟：你在意一般老百姓对你电影的看法?

朱：在意,也不在意。

翟：你最着迷你电影的结构,还是语言方式?

朱：都不重要。我最着迷的还是其中的诗意。我的电影,什么都可以没有,我不能允许它没有诗意。这是我最核心的东西,也是我最想捕捉的。就这一点,我从写诗开始。到现在拍电影没有改变过。

翟：你对写作的看法和你拍电影的看法是一样的。那有没有把诗与电影结合起来?

朱：我的两个电影里都出现过一个诗人,都有一首我为该电影写的诗歌。自娱自乐吧。

翟：那你最想通过电影表达什么?

朱：我要表达很多东西,或者说什么也不表达。不同的人,从我的电影中会得到不同的东西,也许不是作者的初衷,但是也没关系。我希望我以后的电影能够大众化一些,尊重电影形式本身的属性。

访谈人：崔卫平　万玛才旦
访谈时间：2006年10月13日下午
访谈地点：北京电影学院附近家属院

万玛才旦 & 崔卫平

我注意的可能是一种状态

成长与背景

崔：万玛导演，你好。你的母语是什么？

万玛：母语就是藏语。与父母都说藏语的，小时候不懂汉语，完全是藏语。

崔：什么时候开始学习汉语？

万玛：上小学开始学汉语。其实学藏文也比较迟，大概在小学四五年级，那时候其实还没有恢复少数民族文字的教育。

崔：你愿意提起自己来自藏区的安多地区，为什么你会比较愿意强调安多这个地方？它和别的藏区有什么不一样？

万玛：对于内地许多人来说，说起藏区一般只会想到西藏。实际上藏区是一个大的概念，它分为安多、康巴、卫藏三大区，是根据藏语三大方言来区分的，然而它们是一个整体。卫藏主要是拉萨方言区，安多就是青海的一部分，甘肃和四川的一部分，康巴分布在青海、四川、西藏、云南一带。从方言的特点上来讲，安多这边可能更加民间化，拉萨那边的口语里敬语比较多，因为以前那里是整个藏区的政治、经

←《静静的嘛呢石》电影剧照

济、文化中心，有很多贵族，而且拉萨方言是带声调的，比较好听，像安多方言就没有声调。

崔： 你们家自古就是安多地区的吗？父母做什么？

万玛： 我家在安多藏区一个半农半牧的地方，既可以种地也可以放牧。山上是草原，可以放牧，山下是一大片田地，可以耕种。父母一直生活在那儿，我是在那儿出生长大的。

崔： 你小时候父母希望你做什么？

万玛： 不会有特别明确的希望，呵呵。我考上一个师范中专以后，他们可能就是希望我将来找到一个工作吧。

崔： 从这个中专出来你找到工作了吗？

万玛： 当了三年的小学老师，然后又考到兰州的西北民族大学。

崔： 为什么在找到工作之后，还要考这个学校？你在这个学校学习什么呢？

万玛： 主要是不想那样生活下去。我学的是藏语言文学专业，考这个专业主要是想比较深入地、系统地学习自己民族的文化。我们那个专业虽然叫藏语言文学专业，但学的内容很杂，所有有关藏学方面的基础都要学。藏区语言文学专业的教育和内地的语言文学专业的教育还是有些不一样的。内地的语言文学专业的学习内容比较明确，古代文学、现代文学、当代文学、外国文学等等，分得比较细，注重文学方面的学习。藏区除了这个专业在文科方面基本上就没有其他专业嘛,所以文学、历史、语言、宗教,甚至天文历算都要学,好多门类的知识要靠这个专业传承下去。所以在社会上,可能许多行业的人员都是从藏语言文学这个专业中走出的。所以它不是一个一般意义上的文学专业,而是一个比较庞杂的专业。

崔:关于本民族的所有知识都在藏语言文学系,不是吗?那么你们有学古藏语吗?就像我们从《诗经》、屈原的《离骚》学起?

万玛:主要是社会科学方面的。古藏文是我们的必修课之一。我们目前所说的藏文化的根基其实是从古印度过来的,古代印度文化对于藏文化的影响特别大,比如说诗学,我们学习的诗学,有点类似于《诗经》那种,来自古代印度的一部典籍《诗镜》,里面有上千种修辞方法,很厚的一本书,我们要学一年左右。另外,远古的一些民间文学也是我们学习的主要内容,它会对这个世界的起源、这个民族的起源做一些形象的说明。

崔:藏文化的叙事传统有什么特色?比如说一个故事的矛盾冲突体现在什么地方?由哪些对立面引起的?

万玛:善恶的冲突比较多,它一般都会结合佛教的一些教义,做形象化的叙述,像八大藏戏就是这样。再有就是和历史事件有关。藏族历史的书写方式不是很史学的那种,它会很文学地写。而且藏族的很多史学著作，同时也是很经典的文学著作，会将历史事件与神话传说很奇妙地结合起来。如果专门搞历史研究，从那些历史著作中寻找那种史料性很强的东西，是一件比较费劲的事情。

崔： 它并不是按照现实的本来面貌写的？

万玛： 怎么说呢，作者本来就认为那就是现实吧。比如说吐蕃刚开始的七个赞普（王），被记载是从天上下来的，呵呵！从一个很高的梯子走下来。最后死的时候也没有陵墓，又顺着那梯子上天了。第七代之后，吐蕃的一个王与属下发生冲突死于刀下，才开始有了赞普的陵墓，才可以做考证。

崔： 也就是说他们会把一些想象当作现实本身，他们并没有意识到这是虚构。

万玛： 对，我觉得这是藏文化里面很特别的地方吧，现实和虚构的界限不是很清楚的。

崔： 这个传统对你有着怎样的影响？

万玛： 这个传统对我的文学创作有很大的影响，比如我的大部分汉语小说里面写到的都是很虚幻的东西。我觉得藏族文学有这个传统，而缺乏很强的现实主义的传统。

崔： 你童年的时候经常看到电影吗？

万玛： 小时候看露天电影。《地道战》《地雷战》《小花》《齐天大圣》啊什么的，都看。其实那时候的片种挺丰富的。还看过《红楼梦》啊，《西厢记》之类的。

崔：外国电影也能看到吗？

万玛：我们家在黄河边上，上小学的时候，国家水电部的一个局就住在我们村里，在那里修水电站，前期就来了很多职工，两百人左右。他们就在村里盖了房子住下来了，他们还有礼堂，他们经常会放一些电影。

崔：哪年的事情？70年代？

万玛：80年代初期的那段时间。除了国产片，他们也会放一些外国的片子，我就是在那个时候看到了卓别林的《摩登时代》，印象特别深，还有《狐狸的故事》啊，《老枪》《佐罗》等。那时候还看了一些南斯拉夫的电影，什么《桥》啊之类的。

崔：原来你小时候看的电影与内地的大城市完全同步啊。在来电影学院之前，你在青海海南地区当公务员。听说你来北京学电影是接受了一个计划的帮助，写了一个比较详细的申请，获得批准得到赞助。你都写了什么打动了人家？

万玛：其实也不多，三四页吧。一个就是自己的想法，想学电影一直没有这个机会。第二，国内的一些藏族题材的电影，虽然题材是藏族的，但并不特别真实，很多藏族人看了都不喜欢。再就是基于自己民族的电影状况很差，希望自己在这方面作一些尝试吧。这可能就是他们支持我的原因。

崔：你父母现在知道你拍电影么？

万玛：现在知道。但是他们以前肯定不会想到我会去学电影、拍电影，我所有的选择都是自主选择。

崔：假如别人问起来，比如你儿子干什么呀？他们会不会告诉别人，我儿子拍电影的？

万玛：现在大概会这样说吧。我在电影学院学习的时候他们还不知道我具体在学什么。

小说与电影

崔：你在拍电影之前写过多年的小说。在那本体现藏族作家成就的文集《智者的沉默》里，我看了你的三篇小说《人与狗》《流浪歌手的梦》《诱惑》，这三篇东西中有一些贯穿始终的精神。关于狗的那篇，表达了狗深深的孤独，不被理解反而被误会；关于歌手的那篇，眼看歌手就要与他朝思暮想的女孩子牵手，但是瞬息之间这一切都不复存在；关于经书的那篇，经书始终没有到手，仿佛到手的东西都要跌碎似的，其中有一种对于尽善尽美的东西的不可触及的忧伤，感到有一些东西是难以企及的。这些反复出现的某种情绪，是你现实生活中挫伤的反应呢，还是更加接近一种精神生活?

万玛:我觉得还是跟我的经历有关吧。这个电影可能跟我的生活经历有关,刚才您说的那几个小说可能跟我的内心经历有关,我觉得是这样的。

崔:你倒是分得很清楚,外部的生活经历与内心的体验!你觉得自己的性格或者心情算是一个比较悲观的人吗?

万玛:主要是题材上不一样,针对不同的读者群吧。比如有一些藏语的小说吧,它可能对藏语读者有一定的现实意义,但是可能那种意义在汉语读者那里就没有意义了。所以这类小说我一般不会同时用双语写。但比如《诱惑》啊,《人与狗》啊,我觉得任何读者都可以看吧。

崔:你是说你的藏语小说可能更加接近现实?

万玛:对,可能更现实一些,对现实的思考会比较多一些。比如说对藏语言文学现状的一些思考,这可能是每一个藏族学者经常会想到的很实际的问题。但是你把这类小说翻译出来,其他读者可能就不会有强烈的感受。它们是那种时代性比较强的东西,过了那个时期可能就不会有价值了。

崔:一般所说的"介入性",是吗?

万玛:对,对现实现状的一种介入。藏文的一些文学期刊它会要求你写一些比较关注现实的东西。

崔：哦，我们无缘拜读你的这些藏语小说了。那你说你拍的这部电影，是接近你的藏语小说还是汉语小说呢？

万玛：应该是接近藏语小说吧，因为涉及的是藏区当下的一些现实。

崔：这样说就能说通了，因为看你的汉语小说与看你的电影觉得相差挺大的。小说写得激情、浪漫，而电影写实、克制。你认为你的电影与小说这两种手段运用起来有什么不同？

万玛：骨子里有一种东西应该是一致的，但在呈现方式上可能就有些不一样了。写小说显得比较自由，比较方便，但电影可能会受到很多物质条件的限制。我很希望像写小说那样来拍一部自己喜欢的电影。

崔：习惯了文学自由的表达，转入电影会感到受限制比较大？

万玛：我觉得电影不是一个特别自由的表达方式，但是它有它的优势，而文学给了我们特别丰富、特别自由的表达空间。

崔：藏族文学的传统是属于那种想象力特别丰富的？

万玛：对，它里面包含着非常奇特的、非常丰富的想象力，对那种非写实的东西的描绘非常精彩，反之一些写实的描写往往就显得比较苍白。

崔：那你感到做电影较少得到藏族文化传统的支持？

万玛：做电影也吸收了许多藏文化的养分，但写小说可能会更接近一些吧，藏文化中较少写实主义的传统。

崔：电影可能是不是也是另外的一种想象力？

万玛：电影与文学一样，想象力很重要。但电影往往将想象力具体化，是一种受到限制的想象力。文学你怎么努力地描写也不可能把描写对象复原成为一个实物吧，这样读者就有了一个想象的空间，想象的余地。

崔：对你来说，两种媒体是不是各有分工呢？就像藏语写作与汉语写作的分工那样？

万玛：不能说是分工吧，小说更个人化一些，而电影里面肯定也有个人化的东西，但在呈现上可能会更现实一些。

崔：那么是否可以说，你拍电影，首先想要过藏族这一关，得到他们的认可？是吧？

万玛：呵呵，这是我的一个底线，如果自己民族的人都不认可，就有违于我的初衷。

崔：哪些电影导演对你影响比较大呢？或者你喜欢谁呢？

万玛：有很多导演，但是对我做电影直接有影响的是伊朗电影。没到电影学院之前我基本上没有接触过任何伊朗电影。看了几部伊朗电影之后，改变了我原先对伊斯兰世界的一些看法，在他们的日常生活之中也充满了一种令人心生感激的东西，这些是和我的家乡很相似的，另外在很多地方给了我很多的启示。

剧本、演员与摄影

崔: 你小说的功底在你完成这部电影上面,立下了大功劳,首先是有真情实感,有话要说,而不是胡编乱造。但是在看到差不多一半时,心里也会有疑虑:全都是日常生活中的小细节,好像互相之间没有什么关联似的,直到小喇嘛要带电视机与VCD进寺庙,才出现了我们通常所说的叙事冲突。你是怎么考虑的?

万玛: 这个片子里面我刻意地淡化了那种表面的冲突,但它还是有那种内部的张力和内部的冲突的。每个情节点看起来比较散漫,但是经过了精心的构思的。在那些日常的、琐碎的描述底下,蕴含了藏文化的许多本质的东西,比如藏族人对生命、对死亡的基本的看法。比如里面有一句台词:"生命像风中的残烛,财富如草尖的露珠。"就是藏人对于生命无常的一个基本的表述。比如山上刻石老人的去世和村里一个小孩的出世,这其中就有一种轮回的观念在里面,虽然在影片的叙事时间上是倒着的,但在实际时间上却是顺着的。所以,从整体上看,我觉得有一种贯穿始终的东西在里面。

崔: 呵呵,这个我们还真不敏感,看不出来,也许你的藏族同胞一望即知。当然,能够感受到的是,在那种表面上的单纯背后,有一种来自传统文化精神的深沉律动,每一个人物即使从外部形态上看上去,也都挺沉,有一股强大的精神力量从内部拽住他们的感觉,尽管外部世界已经开始触动这块未经触动的土地。

万玛: 其实他们都是在很自然的状态下生活着,那种挺沉的感觉可能更多地来自于自身之外的一些东西。

崔: 令人感兴趣的是,你的剧中人物基本上都是真实身份,小喇嘛便是小喇嘛,老喇嘛便是老喇嘛,小活佛便是小活佛。寺庙允许他们来拍电影吗?

万玛: 寺庙在这方面的管理是挺严的,一般是不让拍电影什么的,我们是认识那个寺院的活佛,跟他讲了这部电影的重要性啊等等,呵呵!

崔: 你们怎么说的?怎么讲这部电影的重要性?

万玛: 就说这是一部纯藏语的电影等等,这是别人去说的,大概就是这个意思吧。最后他同意了。

崔: 你的演员看过你的剧本没有?

万玛: 没有。因为剧本是汉文写的嘛,他们好多人看不懂。

崔: 那你有没有把这个电影的故事从头到尾给他们讲?

万玛: 也没有,但是对白被翻译成了非常口语化的藏语,把每个人的用红笔标出来,发给了他们。

崔: 比较我们看到的汉语字幕,再翻译成藏语有没有大的改动啊?因为你说过,在短片《草原》里,两个村长之间说的

《静静的嘛呢石》电影剧照

许多藏话都没有翻出来,汉语字幕比较简单。而在将汉语剧本回过去弄成藏语时,是不是做了一些修改?

万玛:《静静的嘛呢石》的对白在汉语和藏语之间不会有太大的出入,而《草原》的对白可能就是一种简单的表意的翻译,因为它里面用到的谚语特别多,直接翻出来可能在表达方式上有一些问题,所以就用了意译的方法。

崔: 那你的演员有没有改动你写的台词啊?

万玛：有，每个藏区，小到每个村庄之间说话的方式都会不一样。比如一句台词不太适合我所描述的那个地区的表述方式，我就会听取当地演员的建议做一些调整，但是表达的意思不会改变。

崔：我很喜欢你的那个短片《草原》，它更接近一个艺术片，电影的表现手法也比较丰富，完备，效果也比较充分。而这部《静静的嘛呢石》更加接近一个纪录片，那天我在家看的时候，正好来了一对朋友，他们说这是纪录片嘛。你自己有没有觉得有这个区别？或者是不是你不同的摄影师给你带了完全不一样的风格？

万玛：没有，这是我特意要求的效果。可能《静静的嘛呢石》带有较强的纪实风格吧，但它是一个完全虚构的剧情片。

崔：你觉得这样比较自然？

万玛：对，我觉得一部电影的影像的呈现和它要表述的内容有很大的关系。

崔：你的摄制组有几个灯光？

万玛：没有专门的灯光师，包括在摄影组里。在特别需要的地方才打一些灯，一般都用自然光。

崔：但是会不会可能出现这样的问题，就是我们人眼看上去比较真实，比较自然。因为我们人眼对光线，对物体的把握吧，它是自动调节的。那么这个摄影机呢，它肯定比不上人眼，它有很多局限性，你在追求现场自然的时候，很可能摄影机捕捉到的并不是你在现场感到的自然，它给你偷偷地削减了很多，于是就需要一些弥补的手段。

万玛：我注重的可能是一种状态，就是人在某个特定的空间中的那种很自然的状态。

崔：但是日常生活中的自然，与镜头捕捉的自然是不一样的。在日常生活中的自然状态，经过镜头这种不自然的机器的处理，就会变成不自然的。你看日常生活中我们两个说话我们要观察对方的反应，这是我们人眼就可以做到的。但是在摄影机面前，它很可能就光拍一个人说话，两个人之间反应的那些东西就需要调动一些方法才能体现出这个关系。你的这部影片中，所运用的这种手法比较少。

万玛：对。我不想很刻意地强调某个局部，让你去注意它。基本上不用特写去强化。

崔：可是我们人的肉眼是有轨道的是不是？我们可以从这里轻易地看到那里？

万玛：好多人问我藏区的生活是不是片子里呈现的这种样子，他们的生活节奏，说话的节奏，行动的节奏等等？我能说的是我的片子里呈现的就是当下的一部分藏区的人们日常生活的状态。

崔：你觉得现在的效果是你正好需要的比较理想的效果？

万玛：基本上是。像《草原》，不是我理想中的效果。

崔：电影拍完之后有没有给他们看过？

万玛：有。电影是在青海黄南藏族自治州的古哇寺和一个村庄、一个嘛呢堆处拍的。今年夏天带着片子去了那个寺庙，正好赶上一个物资交流会，放了一场，来了两三千人，人特别多。

崔：露天放吗？怎么放的？

万玛：对，露天放，在草地上。流动放映车，35mm胶片。银幕就插在草地的空地上，两边都坐满了人，呵呵！银幕的正面反面都坐满了人。人们用新奇的目光看着那些熟悉的面孔。那个场面现在回想起来都很感人。

崔：他们反应如何？是不是觉得表现了他们的生活？

万玛：对，他们觉得亲切得一如自己的生活。正因为太像自己的日常生活了，所以有些人也说没什么意思。可能有一些观众希望看到一些明显的冲突吧。我们在寺院拍摄时也很有趣，开始很多僧人在新奇地看，看了一两天之后他们觉得拍电影特别没意思。他们说如果知道电影是这样拍的，他们就不会去看电影了。他们之前可能把电影里面的事都当成了真的，看了实际的拍摄过程才知道是假的。

崔：人们希望他们的生活不是像现在这样，而是接近神话想象才好，这其实是各个民族大多数人共同的。是否考虑过以后拍一些比较热闹的、比较能够吸引他们的影片呢？

万玛：看情况而定吧，我觉得靠热闹吸引观众不是一个好办法。

传统文化和现代文化之间的互相渗透

崔：影片中的小喇嘛坚持要将电视机VCD这些带到寺庙里面去，这个行为与传统文化之间肯定存在张力的。我觉得你的表现比较有意思，包括小喇嘛最终犹豫了一下，还是将孙悟空的面具揣在怀里，参加祈愿大法会了。这些东西所代表的外部世界，对他来说，是一种好奇心的对象，还是诱惑的对象，你对此采取怎样的褒贬态度，这些不太明显。

万玛：对。我觉得你说的那几种成分都在吧。对于小喇嘛，对于我自己，我们都面临着同样的困惑，不知道该做怎样的评判。我只是把这种状态展示出来，包括我自己也在这种状态之中。

崔：影片中还有一些这样的细节，比如在演出传统剧目《智美更登》的间隙，青年人穿着牛仔裤在打谷场上扭起迪斯科，你对这个也没有评价，将它们与《智美更登》平行地放在一起。显得作者的态度比较温婉、比较节制。你会不会有这样担心的时刻，就是这样的东西会对传统文化构成比较大的威胁。

万玛：这肯定有，而且越来越强烈。我觉得这是一部忧伤的电影，虽然没有明确的倾向性，但是还是有一种深深的担忧在里面吧。

崔：你希望你的家乡是什么样子？

万玛：这个很难说吧，从某种意义上讲肯定是和每个人的希望是一样的，但是任何事情有得就必有失啊。

崔：从客观上说，藏区与你说的"汉地"一样，都不会回到那种不受惊扰的原来状态。

万玛：现在好多人希望藏区永远保持那种原生态的状态，一旦不是他们想象中的那个样子就大惊小怪，我觉得从某种角度讲这是一个特别不人道的一个想法吧。

崔：不人道指的是什么？

万玛：如果一直停留在那个层面，他们就不能像其他人那样享受到现代文明带来的种种便利。那些想法和那些要求的实现是以他们的生活作为代价的。但是我觉得人的自然的状态还是很重要，如果人在一个环境中觉得特别幸福的话就是一件特别好的事情。

崔：影片本身也确实体现了这样一种包容并蓄的立场，就像小喇嘛的爷爷允许小喇嘛带电视机和VCD去寺庙一样，最终还是爷爷说了算。

万玛：藏文化是很包容的，那是在生活中的具体的呈现。

崔：尽管有一些忧虑，但是这种忧虑远远没有发展到与外部世界对抗的地步，人们看待外部世界的目光是柔和的，远远不是一种威胁。

万玛：好多人都说这里面呈现的是藏族传统文化和现代文明之间的冲突，我不太赞成用冲突这个词。我觉得这应该是两种文化间的一种渗透吧，就是表面看起来不是特别明显的、不是特别对抗性的那种。

崔：这部故事的结尾，小喇嘛还是将孙悟空的面具放在怀里带进祈愿大法会了，这件事情将成为将来的一个回忆呢，还是作为一个隐患迟早要发作？

万玛：小喇嘛经历了那样一些事情之后，可能他的身心发生了一些变化，但最后他还是要带着一些琐碎的世俗的记忆进入那样一个庄严的宗教的仪式之中。

崔：小喇嘛会心甘情愿吗？

万玛：这可能就是小喇嘛的暂时的一种归宿。是不是他将来的，我无法把握。所以我准备做第二部，第三部，在更广阔的背景中完成小喇嘛的心路历程。

崔：就是更深入的、更多的接触到外部世界？

万玛：对，在这个过程中他肯定会接触到更多的东西，他最后能不能回到他原来的地方，能不能沉下心来继续他原来的路，我觉得是一个未知的问题。

崔：为什么现在还不知道？

万玛：小喇嘛出走之后就要和新的环境发生一定的关系，在一个全新的环境之中人物的命运会发生什么样的变化现在难以预料。

崔：你自己也经历过这样的怀疑的过程么？

万玛：对，肯定经历过。因为走出家乡之前心态基本上是在一个比较纯粹的状态之中，但是出走之后，经历或者耳濡目染了许多事情之后，就会变得不那么纯粹了……呵呵。

崔：你的未来两部影片，将是一个具有很大挑战性的经历和话题。祝你工作顺利，用"汉地"习俗的话来讲，叫作"更上一层楼"！

李红旗 & 杨海崧

自己到底是个什么"东西"呢?

访谈人：杨海崧　李红旗

杨：你为什么会想到去拍摄电影，尤其是在你的小说出版和发表越来越顺利的时期？

李：前几年一直居家写作，以此谋生，每天的工作就是写、写、写，变得越来越像一个流水线上的熟练工，那种感觉是很可怕的。当初辞掉工作，就是因为无法忍受做一个"不由自主"的人，但是变成一台"小说写作机器"也不是我想要的。2004年的时候，有一个导演找我帮他写了一个电影剧本，后来那个导演由于资金问题不能按原计划拍摄，我就想反正剧本已经写了，那就自己拍出来吧，正好通过这个机会去尝试做一件对我来说相对陌生和有难度的事情，把原有的生活和工作秩序打破。

杨：《好多大米》实际上是根据你以前的一个短篇改编的，在转换成影像的过程是不是做了什么修改？

李：小说原来的题目也叫《好多大米》，是一个7000字的短篇。剧本跟原小说情节出入较大。

杨：电影中三个人物都有一种很游离的状态，尤其是毛老师，你认为这是人的普遍状态，或者是你仅仅是把它当作一种非普遍的生活来描述？

李：每个人在生活的过程中，都会在某种时刻感到周围的一切（包括自己）突然显得很陌生。

杨：是不是有点像加缪的《局外人》？但是我觉得电影里的人物比《局外人》里的表现要更加激烈一些，尤其是电影中毛老师做的那个梦。

李："局外人"只是相对于外界和别人而言的陌生人，他跟自己的交流是没有障碍的，而《好多大米》里的人物不管是相对于外界还是相对于自己都很陌生。他们是自己的陌生人。就像毛老师所做的那个梦一样，影片中出现的所有人物在那个梦里都发生了某种关系，但是那种关系比没有关系更没有关系，就连毛老师本人也在自己的梦里走失了。

杨：选中韩东主演有什么特别的原因吗？

李：韩东所饰演的那个角色，最初我找的演员是作家狗子，但是后来狗子有事情不能参加拍摄，于是就请韩东来演。韩东因为要照顾自己的母亲，所以很少离开南京，他能答应来北京演毛老师那个角色，我挺感激的。

杨：而且韩东骨子里是个非常冷静的人，和毛老师的气质很接

《好多大米》电影剧照

近，似乎这个角色更像是为他专门准备的。你觉得呢？

李：是的。

杨：我第一次看《好多大米》就感觉风格很像贾木许（Jim Jarmush），我知道你也很喜欢他，如果是贾木许处理这样一个题材，你觉得他会怎么做？

李：贾木许可能不会去拍这种题材的东西。贾木许无论是外表还是骨子里都非常优雅，就像一个在蜜罐里长大的孩子，世界的陌生、荒诞、忧伤等对他来说都是很甜蜜的事情，我做不到他那样。我心里对这个世界仍然有太多的敌意和仇恨，只是尽量把敌意和仇恨掩饰得优雅。

杨：或者也许应该说这部电影更像是贾木许和布纽尔的结合？

李：布纽尔也是我非常喜欢的导演，他的几乎所有观点都是我能从心底里认同的。他和贾木许都是我的偶像。《好多大米》是不是贾木许和布纽尔的结合，这个问题你说了算。

杨：那么你觉得是不是正是因为要"尽量把敌意和仇恨掩饰得优雅"，所以你才在调度演员的表演时很用力？因此在一些观众看来演员的表演略显僵硬？

李：事情可能是这样的，我越是放松，别人就越觉得我用力。电影本来就是造作的，何不让它更造作一些呢？我很排斥所谓的"让演员进入角色"，《好多大米》里的人物似乎也都是在生活中找不到属于自己的"角色"的人。当他们因不知道自己该干什么而显得不知所措时才是我想要的。

杨: 回到小说上,相比较而言,你的短篇小说比长篇更能得到多数人的认同,你认为这两者写作时的状态有什么不同?

李: 写长篇很辛苦,写过长篇之后再写短篇,感觉就像是一种休息。

杨: 你在写长篇小说时也似乎有用力过猛的痕迹,但是你短篇都很流畅,像《妻子们为什么如此忧伤》,类似于诗歌,这和你写诗是不是有很大的关系?而且你的很多诗实际上已经进入到了小说的领域。

李: 我所有的写作都是在尽最大可能地展示自己的缺陷。因为,一个内心圆满的人是不会有欲望去表达自己的感受的。我写诗、写小说、拍电影只能说明我的问题很严重。

杨: 你的长篇《幸运儿》在一个虚构的生活中把虚构的人物赋予了真实的名字,这更像是一种策略,或者有什么其他的用意?

李: 我大多数小说里出现的人名都是我认识的人的名字,给自己小说里的人物取名字太麻烦了。

杨:《好多大米》中的小城市是否有什么象征意义?

李: 我喜欢自己的故事发生在一个没有任何特点的地方,或者说尽量让故事发生在几乎没有背景的地方,如果有,也尽量不要引起别人的注意。县城或者中小城市最符合这个要求。全中国从南到北所有的县城都像是一个模子里做出来的。在这种背景下我更容易集中精力去讲故事,用左小祖咒的话来说就是能够"直接到达指定位置"。

杨： 刘立杆说过你的小说是反人性的，也就是说在大多数情况下，你总是会极力表现人物的人性中的恶，这是和你的世界观有关系吗？

李： 我讨厌人性并不是讨厌人性里面的善，而是善和恶都讨厌。人是没有性质的，善和恶都是人自作多情的杜撰，是人矫揉造作的一种集中体现。

杨： 你认为人的生存状态应该是怎样的？

李： 这个问题太难了，如果你去问上帝，估计他也给不出像样的答案。人是一种很糟糕的动物，人可能是地球上唯一的"害虫"，但是又最善于摆出无辜者和受害者的姿势。

杨： 但是人类似乎一直在追求某个答案，或者说希望别人给他们一个答案，你觉得艺术或者宗教能够给出答案吗？

李： 现在的麻烦是答案太多，而真正的问题已经被乱糟糟的答案淹没了。还是先把真正的问题找出来吧。

杨： 你喜欢的小说是什么样的？

李： 最好是什么小说都没有。如果世界上一定要存在小说，我希望那些小说是能给人安慰的。人太需要强有力的安慰了。当我们得到真正的安慰之后，将不再需要读小说，也没有人需要靠写小说去倾诉。

杨： 我知道你最早是打算做音乐的，如果你做一张唱片，会是什么风格的？你为什么喜欢这样的风格？

李：我喜欢的是那种能将人的心灵击碎的音乐，能在瞬间将人从自己的身体和心灵里面搭救出来的音乐。如果说身体是心灵的监狱，那心灵就是"自由"的监狱。小时候听过一句话"比海洋宽阔的是天空，比天空更宽阔的是人的心灵"。但是，人的心灵有多宽阔，人的局限就有多大，那种宽阔的局限是人不能承担的，当无力承担时，只能往相反的方向发展，变得狭隘。而心碎之后，既无须宽阔也无须狭隘，那种感觉是非常棒的。可能那就是真正的"自由"。

杨：从音乐到小说，再从小说到电影，你认为这几种形式之间有什么联系吗？

李：他们都是表达工具，就像镰刀、斧头是劳动工具一样，每种工具都具有自己的功能，看你要干什么了。农民用镰刀割草，木匠用斧头砍树，而共产党员则把镰刀和斧头交叉起来作为自己的旗帜。

杨：或者说不同的形式只是你在用不同的方式表达同一个自己？

李：可以这么说。但是，"自己"到底是个什么东西呢？

韩杰 & 贾樟柯 & 管娜

可贵就可贵在人的那种个人精神

访谈人：贾樟柯　管娜　韩杰

访谈时间：2007年1月5日

访谈地点：北京西河星汇贾樟柯工作室

贾：《赖小子》这部电影基本上是少年成长的故事，而且也是在山西拍摄的，这个故事跟你的生活经验有什么关系，是你经历过的，还是想象过的？有多少直接的联系？

韩：我出生在山西一个小镇，在我12岁的时候，认识了几个男孩子，他们开着解放牌卡车天天经过我们学校，他们当时主要是拉煤。因为在80年代末，那个地方的煤矿业开始兴起。这几个比我大的孩子其中有一个是我的远亲，所以跟他们有一些交往。有时候我们上学或者放学会搭他们的卡车，当时能站在卡车顶槽上跟他们狂奔是一件很开心的事情。他们除了拉煤之外经常会到我们学校去找女孩玩儿，也会找我们学校的坏孩子打架，我这个电影里头的人物，原型就是根据这三个开卡车的青年而来。他们打架最严重的一次就是把我一个同班同学当场打倒在血泊里，那天我就在场，事发之前我还拉着他们的手臂劝他们别打了，但他们都喝醉了,醉得无法自控。打伤人之后他们就消失了,很久以后才出现,而且是逃着回来,因为警察还在抓他们。最后有两人坐牢,一人逃跑。直到现在我还能见到他们,但都已中年,根本没有当年的活力了。

贾: 大概能描述一下你生活在这个小镇的时间是哪一年,大概这个小镇是个什么样子?

韩: 就是1989年吧,那个地方很平常,属于黄土高原吕梁山那边。80年代中期那里开始出现小煤矿,所以当地人从原来的种田、做一点街边小生意开始慢慢地转行做煤矿。有能力的人投钱做煤矿,没有能力的人开始下井当工人,所以之后产生了很多像洗煤厂、炼焦厂这样一些行业,更多的年轻人在没有考上大学,或者是没有当兵机会的情况下开始从事跟煤矿有关的工作。我印象中那几个男孩子基本上没有什么职业,拉煤就是三天打鱼两天晒网的事情。

贾: 我了解到在你成长过程里面地域的流动是很大的,一开始是在山西孝义,再后来是太原,再后来是昆明,后来又去广州、深圳,又来到北京。你拍电影的时候很年轻,只有27岁,这些区域生活都是你青春生活的一部分,你为什么选择了回到你最初出生的地方来拍这个电影?而不是选择之后你在太原,或者广州、深圳的生活,在这样一个区域的变化过程里面,你自己有什么想法?跟创作有关系的。

韩: 我觉得主要是两个因素,一个就是最初对家乡、对那些小时候的玩伴、亲朋好友的感情。

《赖小子》电影海报

贾：你是哪一年离开家乡的?

韩：1989年，就是上初一的时候就离开了。

贾：那就是小时候的生活经验使你选择了回到故乡拍摄你的第一部电影?

韩：对，基本上那个地方是奠定了我的人生观，从那个时候开始对世界有了自己的看法。随后在各个地方的生活中越来越让我对家乡有了深厚的感情。二来也是从最初讨厌故乡变成最后对故乡的一个肯定。虽然在外面的城市中有了丰富的物质生活，更完善的学习条件还有工作条件，但这些外在的东西反而更加增添了我对故乡的淳朴生活的肯定，我觉得故乡才是我的根。所以在拍电影的时候我自然就选择了故乡的背景，故乡的人。

贾：电影是你最早找到的方法吗? 之前你有没有尝试过别的方法? 绘画的、音乐的，或文学的?

韩：我小时候喜欢不自觉地画一些画儿，还有练书法，小时候的梦想是长大了当一个艺术家，具体来说是当一个画家或者是一个舞台小品演员。

贾：所以你对表演有兴趣?

韩：有兴趣，但主要是喜欢画画，那时候经常用省下来的钱买纸、买彩色画笔。因为我爸爸妈妈在我很小的时候离婚了，他们都在外地工作，所以我跟我奶奶一起生活，我记得我跟她要钱买彩笔，然后画我去世的曾祖母的照片，画家里的那些小狗，画窗户上的那些窗花纸，总之是描摹一些生活里的东西。表演方面的兴趣是在我长大一点的时候，我们的学校开始有节日活动以后，比如过元旦或者是过六一儿童节，我就会跟同学组织一些小品演出，我自己构思，然后找别的同学一块儿来排练。自己排练，而且是悄悄的。我小时候的性格属于很内向，自己拿主意。那时候我们几个同学演出过对口相声，像诗歌朗诵那样的，比较呆板。我们还演过滑稽小品，有一次我演一个理发客人，理发师给我理发、刮胡子，理发师刮得很差劲，经常把客人的头皮弄破，刮胡子差点把客人的鼻子给削掉。结果那个客人的鼻子被刮得血肉模糊，那个被刮破出血的效果是在理发师的刀离开客人的鼻子那一瞬间我用手假装捂受伤的鼻子时偷偷贴上去的。整个表演的过程中在我自己手里偷偷攥着一个道具血包。我想，从十岁那时候可能就不自觉的，对表演有了兴趣。包括我有时候还会拿着从妈妈那里或亲戚寄来的连环画站在讲台上给大家讲故事。虽然小时候也看过电影，看过张艺谋的《红高粱》，看西方电影像《无腿先生》《巴黎来的枪手》，还有很多通俗的片子不太记得了。后来在初中年代，在太原我妈妈那儿生活的时候看过很多的电影，像台湾电影《妈妈再爱我一次》，我家里从小爸妈离婚，所以慢慢发现我跟我妈妈在很多情况下是没法沟通的，你农村带来的生活方式跟他们在城里的生活方式有很大的不同，我记得我跟我亲妈吵架，反而不会跟我后妈吵架。家庭对我的影响慢慢导致了我自闭，也包括自强。那时候就暗暗设想自己的将来，将来自己自立，不依靠家里人，所以那时候看了很多电影，最难忘的一次就是看《妈妈再爱我一次》，看完那个电影哭得不敢出来，家里人都出去，我却站在电影院的门口不敢出去坐车，那时候我觉得我跟我妈有了距离感，难以沟通的感觉。虽然是亲妈，但母子交融的感情在我身上却没有，我反而跟我妈有隔阂。那时候就下意识地觉得可能电影能跟我沟通，电影可以让我表达我自己想象中的情感和我的理想。

贾：你为什么去南方读书？是初中毕业后去的还是高中毕业去的？

韩：我上初中的时候，我亲爸和亲妈各自的家庭处于打排球的状态，我像一个排球被双方拍来拍去。那时候我姨妈就劝我，她说你应该早点学会一门技巧，早点工作，你便可以脱离家庭的影响，早点养活自己。迫于家庭问题，那时候听了我阿姨的话就去学了计算机专业，从计算机专业开始到最后工作到1998年，一直做跟这个计算机有关系的，那是很枯燥的经历，那时候完全跟理想没有关系了，彷徨了四五年。

贾：这个过程中你有阅读吗？

韩：有，我记得那个时候语文老师第一堂课就让每个人做自我介绍并表达自己的理想，我那时候想了半天将来是什么理想呢？我那时候挺傻的，我说我将来的理想是想当个艺术家，那个老师接着问，你的理想是画画吗？还是设计房子？还是雕塑？我一时之间答不出来，我说总之是艺术吧，然后同学们哄堂大笑。在昆明读书的那些年我每个周末都去看那种商业电影。

贾： 去电影院还是什么地方？

韩： 我们去电影院，也去录像厅，那时候正放美国片《未来水世界》《虎胆龙威》，还有《本能》，《本能》这样的片子当时我们那些学生是把它当色情片来看的，完全为了娱乐。包括我在寒假生活也会回到北方看一些电影或录像带还有VCD，那时候我在电影公司工作的那位阿姨正好开始经营音像店，我在每个假期都会看很多的片子，像美国的《勇敢的心》《燃情岁月》，还有英国的《以父之名》，还有李安的《喜宴》、法国的《新桥恋人》。很多，简直是太多了。

贾： 实际上在这个阶段里面，电影作为你生活的一部分，跟你的精神需要一直是联系在一起的。在这个过程里面，你自己认为有没有某一个东西是你一生第一个写作，很严肃的一个写作，包括一封信、一篇文章，或者是一张画，你真的是想表达自己，通过一个创作，一直到你学电影拍短片呢？还是之前就有？我说的写作是一个宽泛的范畴。

韩： 虽然电影是我热爱的一个东西，但从来没有胆量去想电影可以跟我将来的事业产生联系。因为中学时没有去考美术学校，所以长大以后绘画的兴趣渐渐少了。在南方读书的时候，倒是对摄影有了兴趣，自己攒钱买了一个凤凰的国产相机，从那个时候开始拍照，拍树，拍人，我觉得那个时候我开始学会了去创作,我记得我看到拍出来的第一张照片的时候特别激动,那是一张黑白照片,拍的是我的男同学一张很胖很憨的脸,当时特别激动,我觉得那是我的第一次写作。

贾: 你自己学还是有老师?

韩: 最初是看一些入门书籍,自己学的,后来在学校里有更多的同学喜欢上了摄影,大家一起到一个退休老教师那里报名学习。那个时候主要拍那些黑白的,锻炼你对处理最原始影像的技能。那时我常想,丢弃我的PC专业,做一名职业的摄影师也不错啊!

贾: 其间拍摄的哪张照片是你觉得非常满意的?

韩: 当时最满意的是我家里的一个盆景。当时是放寒假,我看到家里有一个盆栽开花了,我就用黑白照片拍下来了,那张照片是我比较难忘的。

贾: 这个经历之后又怎么样回到电影上面了?因为是很技术性的专业学习?

韩: 因为工作关系嘛,当时我在山西省电子研究所工作,研究所有一些新开发的产品,包括外来产品都会做销售,我们当时在做销售,销售那些跟计算机有关的,像传真机,都是些很枯燥的工作。后来因为单位从事业单位慢慢改制成为企业,我想将来更没保障了,于是就辞了职。

贾: 当时辞职还有别的原因吗?

韩：还有就是无聊嘛，那几年基本上是跟单位的人一块儿应酬、吃饭，下了班打扑克，都是那种生活。天天骑着自行车两点一线，这么枯燥地过了一年多，我实在干不下去了，想自由，想自己找点事做，后来就去了广州，还有深圳。

贾：那时候你在深圳多长时间？后来又怎么改变路途，来北京学电影？有具体原因吗？

韩：我在广州和深圳共待了一年，当时的工作也很无聊，工作节奏也更快，但一次有幸看了张艺谋在深圳首映的新片《我的父亲母亲》，看完之后一夜没睡，特别激动，那天晚上我都没回住的地方，就在公司和我的同事、公司的艺术总监待了一宿。

贾：为什么激动呢？是电影本身吗？

韩：电影的感动是其次的，主要是我看到了一个普通人一样的张艺谋，当他出现的时候，那么多的闪光灯和观众向他汇聚，我也很激动，但电影结束之后，我又发现他出了电影院，跟一个普通人一样坐在一个接待车里。那时候我就开始有了自信，我想，他不就是一个普通的人嘛，他可以拍电影难道我就不能吗？如果有机会让我拍的话，我想我也会拍出感人的电影！那天晚上我就睡不着觉，就觉得我是不是应该试试考电影学院？正好我们公司的那位艺术总监以前在北京从事过电影美工，那天晚上他就好几次在鼓励我，说你看你在公司工作了这么长时间，我看你的照片拍得挺好，我想你去搞电影的话，不会差的。就这样第二天我就跟老总打招呼辞职了，说我想考学再深造一下，结果那个好心的老板当天就放我走了，我当天就买了张机票去了天津。

贾： 为什么去天津呢？

韩： 因为深圳那个做艺术总监的同事是天津人，他在天津有一些关系介绍给我，让我去找他的朋友帮忙学画。

贾： 你去了天津美术学院？

韩： 对，他说天津的环境很适合学习，没有那么多像北京那样复杂的人际关系，你去那个地方学吧。所以我就选择了去天津美院。报了一个美术培训班，复习素描、水彩画、水粉画。还好我小时候在少年宫学过一些简单的素描入门的知识，画过一些水彩画。就那样从天津开始复习了一个多月，然后就去北京报考北京电影学院，可那一年人家只招平面摄影专业，不招电影摄影。我就接着再找，结果发现了北师大艺术系影视制作专业。

贾： 然后就考上了？

韩： 考上了，但考之前心里是没底的，我想万一考不上怎么办？现在想起来挺傻，我那时候有点用力过猛了，去考场的时候我抱着自己画的一筒画，可看身边的考生没一个带画的，我进了考场一打开，老师看了看，说，噢，你还带这么多画儿啊！我本来还以为老师会就画画的问题让我分析一下呢，没想到老师只说了一句，不错。然后我回答了一些他们所问的艺术常识，就让我过了。

《赖小子》电影剧照

贾：上的是什么专业？

韩：上的是电影电视制作。北京师范大学以前没有这个专业，在90年代初，报考北京电影学院的学生越来越多之后，北京师范大学为了给这些更多的学生提供就学机会，邀请了电影学院一些知名教授一起来增设了一些电影电视专业，所以艺术系在1994年创立了一个电影制作专业，同时还创立了表演专业、化妆专业。

贾：你的短片《过年》是在那个时候拍的，是你的第一个短片吗？

韩：是我第一个自己独立制作完成的短片。之前主要是一些片段练习。因为学校是比较实用型的教学方向，第一学期就教我们普通摄像机的使用，还有包括剧本的创作，所以在我一年级的时候就做过一些摄影片段的练习。跟一些同学合作拍摄一些纪录短片和故事短片。包括自己也开始写短剧，其实我在《过年》之前试着拍过一次，是在老家拍的。那个时候特别高兴，很兴奋，拿着新买的DV，开着车就去看景了。

贾：你买了一个DV？那是哪一年？

韩：2001年暑假，当我把摄像机和演员布置在那儿的时候，反而不会拍了，无从下手，先拍哪一个镜头，不知道，就蒙了。紧接着吃了一顿饭，我和我叫来帮忙的朋友喝了个烂醉然后就回家了，事后看那个片子的素材还是不错的，就是缺乏一种整体的操控，导演的技术能力还跟不上。

贾：你想象中那个短片是一个什么题材？

韩：是一个开出租车的无业青年跟一个歌厅小姐的故事。其实也是受《小武》的影响，片名叫《夏日灼身》。

贾：当时的演员情况呢？

韩：演员都是我的朋友，我把他们找来，他们很不自在，所以那次拍摄失败的原因也包括他们的表演状态没到位。

贾：你还有关于摄影的一些经历，这个经历能给我讲一下吗？当时我刚接触你的时候，我觉得你对摄影的兴趣比当导演还要浓，当时你是出于生活的考虑，还是真的对摄影感兴趣？

韩：这些因素其实都有，当时主要是偏向于摄影吧，首先是爱好，再有是以前学过，所以在能力上有自信，再加上我觉得自己内向的性格适合于做摄影，所以做摄影的愿望最大。做导演的愿望也一直有，但没有那么强烈，因为我认识到自己的一些问题，包括人际关系的处理，包括对整个电影拍摄技术的驾驭能力，还有演员表演、剧本、音乐等等，总之对自己缺乏信心吧，所以当导演的愿望一直没有特别主动地去实现，当时就想着做一个出色的摄影师。

贾：作为摄影拍过什么？

韩：在我刚进大学的时候就拍过两个短片，当时我认识了一个插班生，一开始他是学表演，后来改学制作，他当时是想做导演和制片。他是我们班上最先有DV的人。开学刚一个月，他找我商量，跟我们拍一个短片吧，你能做什么？我说第一我可以给你做摄影，第二我给你设计片名和片尾的字幕。那是我第一次做为摄影师拿起摄像机来拍，那时候还没有开设拍摄影练习课程，我连机器都不会用，开拍的第一镜我就不会拍了，找了很多角度，我想怎么去表现？想想那个时候没有经验，很紧张啊。最后，那个短片是随着性子拍下来的，怎么好玩怎么拍，我基本上是手持摄影，比较搞怪的。那是我第一次做摄影，第二次还是跟这个同学，又拍了一个喜剧短片系列之二，那个片子叫《追女新片》续集。

贾：这种片子是为了自己的兴趣拍摄的，还是为了电视台的节目？

韩：是我们自己想拍的，导演自己写的剧本。我们几个同学一起完成的。

贾: 资金的来源?

韩: 是那个同学他自己找的钱,他可是一个制片的好料子,他最会省钱。其实当时花钱用电脑做字幕就可以了,但导演为了省钱,让我用彩笔画了一个片名,画到黑卡纸上,模仿滚屏黑画字幕,用一个卷轴往上卷,就那样做出了滚动字幕。剪辑是用VHS录像机对编出来的,音乐是用卡拉OK的现场录进去的,虽然可笑,但是还有一种可贵的经验。我们还是摸索出了拍摄经验,那个拍摄方式是脱离于学院派的,当时那两部短片作业如果给老师看绝对会被毙掉的。所以当时就没给老师看,只给个别参与工作的几个人看过。

贾: 我真感兴趣要看一看。

韩: 那两个短片虽幼稚,但挺可贵的。

贾: 你们一开始工作并不是从很学院的观念进入的?

韩: 对,那时候老师的知识还没开始传授,我们完全是自己摸索的,自己演自己导。在二年级的时候就开始有一些专业的训练了,所以后来就拍起来也比较刻板,毕竟同学都没有工作经验嘛,所以短片拍摄现场总会提起老师讲过的那些术语,比如说镜头的分接,先拍哪儿、后拍哪儿,怎么才能展现主题……就是用哪种方法开始工作,反正觉得不是特别有趣。但是也学到了一些东西,比如怎样在更复杂的工作环境中跟人合作。

贾: 你逐渐萌生了自己拍短片的想法是基于什么?那时候买来

DV机是想玩还是想做其他用?

韩：那时候我们学校的设备还没有发放DV，它还不像电影学院的条件那么完善。当时只有三四台M9000摄像机，松下的，用那个做过一些摄影训练。那个时候就觉得，一定要经常给自己创造机会，不能连机器都摸不上。恰好那个时候DV已经很流行了，很多同学就开始自己买自己拍，所以我也跟家人凑钱买了一个CANON xl-1，价格很贵，当时算最好的。买了以后最强烈的愿望就是要自己拍，告诉自己要完成所有幕后的环节。我买来它的第二天就坐着车回老家开始准备拍摄了。

贾：你第一次独立拍摄带着一个完善的摄制组吗？还是一个人回去的？

韩：我一个人回去，然后找了一些当地的朋友。

贾：也是建了一个组，有分工吗？

韩：基本上没有分工，拍摄的时候就我一个人，其他的都是当地的朋友，帮我当临时演员，所以很多工作上的事情他们也帮不上忙。

贾：你还跟别的同学合作过一些什么样的短片？只是以摄影师身份吗？

韩：我和同学拍过一个关于北京胡同生活的纪录片，我做的摄影，剪辑和片子的包装也都参与了。后来还跟同学拍过一些青年题材的短片，比较摇滚风格的，也是做的摄影。我算是当时很抢手的摄影师,哈哈。

贾: 你在大学里实践的机会和愿望很多,从观影方面你有什么印象吗?什么样的电影对你产生了什么影响,让你电影观念有所改变,你们主要看的是经典老片,还是……

韩: 当时都看,开学的时候主要看的还是比较经典的,可能校方考虑到我们接受的过程,所以他们先让给我们放一些经典艺术片,像陈凯歌的《霸王别姬》,还有《黄土地》,张艺谋的《红高粱》,当时这些电影对我来说没有什么新鲜的,因为我在中学时代就已经看过,反而看到很新鲜的是那些像法国的杜鲁福(Francois Truffaut)的《四百击》,还有阿巴斯(Abbas Kiarostami)的《何处是我朋友家》,那时候看完以后觉得虽然是老片子,但感觉很新颖,我才真正发现电影中的精品,才发现什么是我想追求的。看完以后就觉得这些电影就是我想追求的。

接下来包括很多,像娄烨导演的《苏州河》,当时我们想为什么讲西方电影史不放些老片反而要放这样新颖前卫的片子呢,我想老师有他的用意吧,老师不想让我们再受经典艺术片的束缚,想让我们看到新鲜的东西。后来又看了《小武》,看完以后我觉得电影还可以用这样原始的方法去拍,从那个时候起,我就开始摸索怎么拍自己的东西。

贾: 到拍《过年》的时候最初的灵感是从哪儿来的?

韩: 最初的灵感还是来自于生活,那时候我回到家听到最多的就是我同龄人,小时候的那些玩伴,他们讲的都是谁去歌厅了，谁包了小姐了，那个小姐当时是什么状况。我记得很清楚的一句话就是有个小姐给老家汇钱，发的电报就几个字："人傻，钱多，速来。"一下子让我看到家乡变得越来越荒诞了，也看到了家乡的很多问题。因为跟我有切身感受的很多同学，确实在那种新的环境里头人都变了，所以那时候就想写一个身边人的故事。

贾：《过年》这个短片我们会发现这个故事离开春节这个环境背景也成立，你把这个故事放在中国的春节，这个你有什么考虑？还是恰好那时候就是春节？

韩：也是出于戏剧的考虑，把当时年轻人漫无目的的生活放在中国人传统节日这样的情境下会变得更有戏剧张力。那时候正好也是过年，就顺便把故事的背景放在这个情境里了。

贾：我自己在看的时候，其实对我挺刺激的一个东西就是里面有个年轻的煤矿老板开个大众桑塔纳私家车，随身拿着轿车锁遥控器，这种私家车的形象，甚至包括遥控器发出的声音对我都有很新鲜的感觉，实际上那个环境我自己非常了解，那个地方的人变成一种已经非常经济化的生活模式，变化已经到了这个程度，这些你当初怎么具体构思的？

韩：这个我还是有很多切身的体验，我记得我上初中的那会儿，经常回家我会看到我爸带着一帮单位的同事出来吃饭喝酒，也没有别的娱乐方式。我爸当时是在交通局工作，管车辆。那时候他们交通工具主要就是那种比较糙的，像吉普车，那个时候其实还是属于公有制的工作生活方式。再后来，2000年前后回去的时候，真的是生活变化挺大的，他们的生活不但是条件改善了，而且生活方式也变了。工作和生活的方式已经从原来的公有制慢慢变成了私有制。生活也更趋新潮了。

贾：就是你刚才提到的，所有制在改变，个人的收入方式也在改变，甚至包括贫富分化的感觉也更明显了。

韩：对，这种变化非常剧烈，每次回去我会看到原来很穷的那些人大部分还在穷，有小部分富起来了而且是极端的富，他们生活中用的交通工具，包括手机都是当下最时髦的。

贾：这种社会变迁是很明确的，等于你其实很敏感地已经感受到了。

韩：这种变化无处不在。这些年最大的变化就是一个小小的县城伪装成俨然一个新兴现代化大都市的面貌。而一些真正爆富的煤矿主们，已经把煤矿这个属于全人类的共有财产转化为个人资本，并用这些资本参与到北京上海这些大城市中的房地产投资中来，而且还把子女送到了发达的资本主义国家接受西方教育。而留给那些广大的工人农民们的，只有就像掠夺战争过后硝烟弥漫的煤烟和灰烬。

贾：我对里面很多的细节感兴趣，比如说警察审讯妓女的那个细节。你在创作里面有很多很感性的东西，在处理那个场面的时候，你当时的情况是怎么样的？就是在派出所拍摄的吗？

韩：拍的当时其实并不是个派出所，它是一个司法局的办公室，我觉得看上去很像派出所，因为看上去那个空间结构跟派出所都差不多，都是一个很旧的二层楼，里面有黑暗的楼道。那一天正好是那个单位放假，整个单位没有人，我们找来这个单位的朋友把大门打开，里面空荡荡的，只能听到我们自己的回声。演妓女的是我的一个表妹，其他的两个警察、被抓的人都是找的朋友。他们都不是警察。那天拍摄给我特别强烈的感觉就是像做一出小品戏剧一样，觉得与现实是脱离的，而且有点荒诞，因为我让他们一次次的排练。所以拍完以后有点虚脱的感觉，觉得刚才做的事有点儿超现实。当时可没意识到那场戏会跟现实有强烈的映照。

贾：《过年》这个短片的空间结构很有意思，一开始他们从家里面赌博出来，看到的是很传统的北方古老的村落街道，直到后来他们在县城打架后，那个同伙逃到新的建筑工地里面，这个空间反差还是很有趣的，你是怎么考虑的？

韩：当初找这个空荡的建筑大厦我就找了好几处，最后选择了这个最大的。那个地方建筑的变化是从原来的平房，最高的也就是三层楼的单位办公楼变成了现在四层的楼房。我拍摄的时候是2001年，那个时候已经兴起了很多楼房，包括私人住宅也兴起了单元楼。这些建筑从那些老式的平房中突兀地立在那里，看上去很不协调。所以我选择那个新的空间拍摄，第一是展现新旧建筑的反差，第二，我觉得传统的人还没有来得及适应变化，而且这些新的建筑跟他们毫无关系，他们只是看到了，只是站在新建筑的半成品里面待了一会而已，过不了多久，这个实在的建筑体就不再属于老百姓，它将变成有钱人安住的地方。所以我想，让他们无意闯入那个半成品的楼房里会觉得很好玩，也算一种悲哀的相遇。所以我就故意找了这么一个地方让这个农民青年闯入其中。其实在那个楼之前有一场戏已经能看到远处的新楼盘，脏乱差的街道小吃边上能看到背景是新的楼房，这是那个县城最表面的变化。

贾： 从《过年》到《赖小子》这个中间创作次序上，是《过年》创作完成了之后才进入《赖小子》的创作的吗？

韩： 其实原来想到过这个故事，这个故事的原型就是在我这么多年来一直难忘的几个比我大的男孩子们，我经常会想起他们，有时候我回去老家也会见到其中的一个人并跟他们聊天、吃饭，他们也总会讲到这些年他们的变化。从原来不负责任的狂妄，到现在担负起家庭，并且有了小孩，生活也变得很沉重。但拍《过年》的时候还没有那种自信去写一个长篇剧本。《过年》发表之后我毕业了。毕业以后第二年开始写《赖小子》这个剧本。

贾： 最初是写一个少年，你当时觉得是很需要这个视点吗？因为现在看到的电影成片中这个视点已经没有了。

韩： 原来这个故事就是让这个小孩作为旁观者，一个刚上初中的小孩，他眼睛里看到了一群孩子。

贾：是不是出于你自己跟这个拍摄内容的关系？

韩：是，从我自己情感出发的一个视点。当时觉得这个小孩代表我的视点，并且觉得从这个视点出发的话我更能把这个故事讲得精彩。我设置人物时，让这个小孩子跟喜平他们三人建立了感情，最后这些青年帮他解除学校里受到的欺辱，这其中有不少我自己的感情色彩，但在不断修改剧本之后我发现这个视角是多余的，如果没有这个视角，没有第一人称的叙述，整个故事会让三个人物变得很直接，所以故事从个人视角变成了全知视角，变成了客观纯粹的三个主人公。这个小孩也就变成了可出现、也可以不出现的人物。

贾：这个变化是在拍摄的时候还是剧本阶段？

韩：在剧本阶段这个小男孩儿的线索做过一些修改，但还有，到了后期剪辑时才剪到最少。

管：剧本大概用了多长时间完成的？

韩：剧本从2003年下半年写到2004年11月，大概写了有八九个月，最大的修改就是把原来故事的时代背景从90年代初改到当下。

管：为什么要改变时代背景呢？

韩：一个原因是拍摄成本的考虑，因为拍摄那个时代就要还原很多细节和背景，这个是要花很多钱的。第二个原因是，当那个受欺负的小男孩东东这个叙事视角取消后,那种怀旧的色彩已经很淡了,所以我想,在去掉第一人称叙述视角的时候,同时也可以去掉年代的怀旧色彩,所以我把这个故事改成了当下,让这个故事发生在2000年前后,这样的话还有一些新鲜的元素可以加入,我可以加入空间中新的楼房,新的交通工具,从原来的老解放卡车变成新解放卡车。添加了一些网吧的生活,这些元素在90年代是没有的。当然还有更重要的一点是这些历史人物放在当下的话同样具有普遍意义。

管: 剧中那几个主要的人物在你的生活经历当中真有过这样的人吗?还是你自己想象设计的?

韩: 这几个人物在生活中都有原型,但是这个完整的故事是通过想象完成的,通过他们这样一个形象我在故事的编织上做了一些改变。刚才说的是年代上的改变,还有就是他们那种家庭关系,我对这个男主角家庭关系做了一些改变。实际上喜平这个人物在生活中是有完整家庭的,他的父亲还是个很能干的煤矿技工。但喜平他在生活中是一个比较懦弱的人。我让喜平这个人在电影中变得很勇敢,很有男子汉气概。还有其中一个人叫二宝,二宝这个人原来并没有背叛这些兄弟,只是逃得不知所踪了,我现在把他改成了一个背叛兄弟的人,改成了一个叛徒,也是为了在故事里呈现不同的人性。

管: 就《赖小子》这部电影来讲,你觉得生活和电影相比,哪个戏剧性更强?

韩：生活里的戏剧性更强,当你把它放到电影里的时候它不一定成立。生活是个不规则的人际关系网,这个网里面有复杂的时间和空间和人等等,你无法理清楚来龙去脉,当一个人承受突如其来的变化时,他自然会明白,生活就是这样。但电影就不同了,电影是一个假设的寓言,她需要一个让人相信的基础。电影是提炼出来的。我在改剧本的时候,也是把生活中的这种元素运用讲电影故事的方式重新梳理。原来生活里头可能是很现实的东西,但是它放在故事里不一定会让观众相信,我要用推动故事发展的动机、情节发展的需要让这些生活中的人在电影中重新完成他们自己,所以并不一定跟现实中是吻合的。

管：这个电影里涉及的人物很多,选演员的时候,这些演员是怎么样挑选的?

韩：实际上选演员的时间并不长,只有过简短的两次,第一次选好的一个男主角就是我从拍摄当地的网吧发现的陌生青年。在我快开机之前去找这个演员的时候,他妈妈跟我说她的孩子已经进了监狱了,我才知道这个人曾多次抢劫。这让我很震惊,再次相信生活比电影更有戏剧性。于是我又回到那个网吧找新的男主演。那个网吧在县城里是最大的,里边能坐二百多座位,好不容易又发现了一个男孩。后来发现这个男孩也是一个犯罪分子,跟我之前找的这个男孩很像,也是多次抢劫,没有职业,天天在街上混,这些经历对我的触动挺大的，我拍的是一个青少年犯罪的电影，可遇到的这些小孩让我觉得他们比电影中的人物更有活生生的对应关系。

管：你会不会担心这样的一个演员会给你带来麻烦？

韩：当时是很担心的，你不知道他们从哪儿来，也不知道他们接下来会去哪儿，还好这个电影拍的时间不是太长，就一个月。从一开始的互相不信任到后来慢慢成为朋友，他们慢慢觉得拍电影这个工作挺有意思，还能赚钱。其他一些演员基本上都是身边的朋友从本地找来的。那个长得很胖的演流流的，是我的表弟，他跟电影中一样，他家也是开煤矿的，住的是很豪华的二层楼，找他拍的时候他正好也是失业，被学校开除了，整天开着车在学校门口等女生，还等以前得罪他的那些老师，他要找人家报仇。所以我觉得不用训练他表演，让他站在那儿就很像了。

另外一个演二宝的也是个无业青年，找他的时候他也正在找工作，找他拍电影等于给了他一个工作。

管：这群人拍电影的话，有没有在拍摄过程中给你带来一些麻烦？

韩：大的麻烦没有，小的麻烦还是有。他们无拘无束，没有纪律性，工作中会有一些这样的问题，经常不听话，而且还捣乱。有一次我们拍路边野饭馆喝醉去找妓女。因为拍这场戏要喝酒，结果他们那天真喝醉了，因为他们在生活中也爱喝酒。那天拍得很顺利。拍嫖妓那场戏的时候,他们在醉酒状态下发挥得特别好,出乎我的意料。回了宾馆以后演喜平的那个演员遇到了宾馆里的妓女,他趁着醉意跟去调戏人家,结果就跟人家打起来了,结果闹到组里的人也出来了,妓女的姐妹也都出来了,拿着棍棒在宾馆双方打了起来,我劝不住,后来也参加了。但总的说来,小的麻烦常有,大麻烦倒没有。

管:有的导演喜欢在现场即兴创作,这种工作方式会是你的工作方式吗?还是你会严格遵守剧本内容来拍摄?

韩:演员或者场景或者一个小小的道具会在现场给我新的灵感。因为这个题材跟这些小演员的生活经历很像,他们经常会提醒我想不到的东西。比方拍赌博那场戏的时候是他们自己完成的,我就在旁边像纪录片一样记录下来了,我是连扑克牌都不会玩的,赌博有一些术语嘛,他们在现场讲的那些赌博术语我都听不懂。他们发挥得超乎我的想象。

管:这些都用到电影里了?

韩:对,剪出来很好看,很生动。你提供一个情境给他们,他们会像在生活里一样游刃有余。那场戏结束的时候,他们赌博用的钱都到了自己的口袋里了,他们还在赌,根本不想收场。

管:你觉得这是你的工作方式吗?你能讲一些你自己的工作方式吗?

韩：我的工作方式就是拿剧本只当作一张蓝图，更多闪光的东西需要你在现场发现和捕捉。这些东西在写剧本的时候是想不到的或难以想到的。我喜欢在现场观察，根据现场的情况来定拍摄方案。《赖小子》电影中很多镜头是我们在现场抓拍到的，像电影开始时的堵车镜头、disco中的领舞小姐、喜平到煤矿公共澡堂里寻找父亲等等。

管：这样会不会影响你的拍片周期，进而对制片人造成压力？

韩：我觉得不算大的压力，无非就是你在整个周期控制上多拍几天，我觉得不会给制片造成压力。

管：我们谈谈跟其他工作人员的合作，好像这个剧组里有很多很专业的人员合作，会不会有一些压力呢？

韩：其实很多是朋友，但是在开机的第一天我还真不知道怎么控制局面，我记得那天我在宾馆里看他们开车过来，开着五六辆车，他们在卸器材，有的在准备道具，我看他们在那儿浩浩荡荡地开始准备了，我当时心里很紧张，很发怵，我说接下来怎么开展工作啊！虽然是朋友，但是工作起来还需要一个整体控制能力，开机前一天晚上很紧张，一晚上没睡着。在头一天拍摄的时候，我选择的都是一些拍摄难度最低的，比如说在公路上跟拍一辆车，但是在第一天最后一个镜头拍对话的时候我还是紧张，我不知道怎么分镜头，在平时的训练过程中我有这个能力，但是在那个时候那么多人在问你，导演，怎么分镜头呀？先拍哪个？因为太阳马上就要落山了，就只有五六分钟的时间，你先拍哪个镜头，怎么样做到光线基本上统一，但是这个问题马上就要你解决。还好那些工作人员大部分是朋友，第一天在我糊里糊涂的状态下，他们让我慢慢地找到了自己的状态。

管：是一个什么样的状态？驾轻就熟？

韩：就像一个游击队一样，好比说我就是一个队长带领大家去战斗，慢慢地形成了一个默契，大家需要给演员服务，需要给演员打气，让演员马上变得很"狂躁"，我们也会一起"狂躁"，所有的工作人员也会很热烈，大家工作上比较默契。姜文说过的一句话挺好，他说不怕你不懂拍电影，就怕你到了现场没感觉，有了感觉，你自己会找到拍摄的方法。

管：作为一个导演，让人感觉你是一个非常内向、文弱的人，在现场的时候是怎么控制的？

韩：这就是我以前不敢说我想当导演的原因，因为我性格内向、不爱说话，不爱跟人交往。但是这几年我一直做贾樟柯的副导演，在拍《世界》和《三峡好人》的时候培养了我专业的素质。我从一个很腼腆、内向的人，一个不爱大喊大叫的人，马上在现场转变成一个发号施令并能灵活掌握现场情况的角色，成为一个游戏的主角，指挥那么多场面，这些工作锻炼了我的职业素质。

管：你觉得贾樟柯导演的工作方式对你自己的工作方式有没有影响？

韩：当然有影响，但我无法说有多少影响。一起工作四年，他让我学会了怎样观察事物还培养了我职业的技能。

管：虽然你曾跟他一起学习、工作四年，但你们拍出来的电影是不同的两种电影风格，虽然精神上可能有相似的地方。你是怎样看待这你们不同的风格？能说说贾樟柯导演的工作方式吗？

韩：他工作比较感性，甚至是任性。基本上他和摄影师在现场确定分镜头方案。而且他经常在拍摄方案上会一改再改，或者一个镜头会用不同的方案来拍摄，以便剪辑时挑选最完美的。他还经常会加拍一些谁都想不到的新玩意儿，有时纯粹跟剧本没关系的东西他也要拍。这些突如其来的主意往往会让工作人员摸不着头脑，但我想他还是有他的用意，工作这么多年，我们几个主创人员还是理解他的。现场即兴的创作是他独到的才华。还有他拍摄起来比其他导演更精益求精，经常一个镜头会拍四五十条。拍《世界》的时候，有一个演员服装间的镜头，我们从晚上一直拍到天亮，最后好多工作人员都倒在楼道里睡着了，演员也快昏过去了，最后场记告诉我，那个镜头拍了48条，这个NG纪录到拍摄《三峡好人》的时候又有新高，好像是58条。

管：跟当下很多新导演的电影相比，你的电影可视性更强，节奏感和故事性都更强一些，你认为呢？

韩：我觉得应该有不同的电影，我希望我的电影首先是好看的，其次才是有内涵的。一部电影再有内涵，有思想，但拍得让人看不懂，你说哪个投资人愿意给你投资啊！说到节奏，我觉得节奏感是水到渠成的。如果说我拍的是一部家庭题材的电影，我觉得自然会为这个题材找到另外一种不同于《赖小子》的节奏感。《赖小子》这个电影是表现青少年的生活，而且是很直接的、很肉感的状态，所以我觉得节奏感要跟他们的生活、年龄、性格有机地结合起来。

管：对影像的把握和考虑在拍摄之前有什么借鉴吗？还是拍摄的过程当中才考虑这个东西？

韩：影像是一直想好的，包括整个节奏控制，还是紧紧地跟随这些青年，在他们的身边，随着他们身体的节奏感拍摄。所以片子里头有很多手持的不稳定的跟拍镜头。这个是一直想好要这么做的。

管：影像是服务于整个故事和整个气质的？

韩：对。我刚才说的整个影像的风格是狂躁、不稳定的，跟那些孩子们的生活是很贴切的。

管：整个影片的大概成本是多少？

韩：成本180万。

管：在拍摄过程当中有没有资金方面的压力？

韩：当然有，因为拍摄资金只有60万人民币，制片人规定我要用22天拍完，结果我用了28天。整个拍摄节奏很快，但剧本的含量很大，虽然现在片子看来是很精简、很简约的，但是当时拍摄的素材量很大。我们平均每天要拍五场戏，平均一场戏要拍五六个镜头，这样一天要拍很多镜头。再加上冬季的日照时间很短，剧本主要是日戏，所以很多地方还是拍得比较草率的，这是资金对我们造成的压力。

管：后期资金是怎么找到的？

韩：2004年我们在鹿特丹电影节参加剧本计划，那里每年有新的剧本计划参加电影节的那个Cinemart单元的合作平台。《赖小子》当时从这个单元申请到了法国南方基金，这个基金只提供后期的制作，只能在法国消费，所以电影的后期是在法国做的。

管：现在很多观众在看你的影片，《赖小子》在国际电影节的时候外国观众的反应是什么样的？

韩：他们问得更多的是中国的现实问题，他们说在你的电影中那些中国青少年真的是失业的吗？还是你没有体现他们的职业？我说当下在很多地方很多人确实没有职业，无业的人很多。包括中国的煤矿问题，国外的观众总会提问这些问题。

管：有一场喜平去国家煤矿的公共澡堂寻找他父亲的一场戏，那是一个长镜头，最后出现了那么多的裸体工人在洗澡，很让人惊讶。那一场戏是怎么样完成的？

韩：喜平去那个大煤矿洗澡堂找他父亲是我提前想好要拍的，但方案是临时决定的。当时没有想好怎么去拍，有几个方案。一个方案就是把摄影机藏起来跟着人物在现场偷拍，另一个方案就是组织一些人演矿工，在排练的方式下拍他们的裸体在澡堂洗澡。看景的时候煤矿负责人不同意我们拍摄澡堂，因为煤矿对媒体曝光很敏感，他们以为我们是电视台的。我们说是去拍摄矿工生活的一个纪录专题片，以这个名义我们去悄悄地拍的。但是在更衣室、澡堂、走廊三个空间里头调度是很麻烦的，所以我说不偷拍了，我们直接闯进去拍算了，于是摄影师扛着机器跟着男主演喜平就进去了，我们从走廊的入口开始拍，一直跟着这个人物到更衣间，又从更衣间出来转过楼道，又转过一个拐角进到大澡堂，里面正好有十多个下班的煤矿工人在洗澡。太让我激动了！拍了四五次，顺利拍完。让我们意外的是很多工人看到摄影机了，但是他们丝毫不介意，不回避，反而很淡漠，他们也没有问我们在拍什么。

管：这些人完全没有组织？

韩：有，后来有几条镜头布置了我们的临时演员在里面洗澡。但完全是抓拍的，很让我感动的不是他们恰好配合了我们的拍摄，而是我看到了中国煤矿工人的内心状态。你想想，他们每天很早下井去工作，很晚出来，而且是冒着生命危险去工作，他们只是想着进去能安全出来，出来后能和家人吃一顿饱饭，他们没有别的追求，他们已经顾不及其他了。这让我感动。

管：我觉得音乐很美，包括开片的时候就能感受到一种忧伤的气息,这个音乐是你自己选的吗?

韩:都是原创的音乐,但我不知道配乐人写这个音乐的灵感是从哪里来的,我对他的要求就是这个主题音乐首先是浪漫的、好听的,其次是里面可以感受到那种宿命的忧伤情调。

管:整个故事到最后是非常悲情的。

韩:对,整个影片的基调很悲情,有的观众说把这个片尾剪掉比较好,直接结束在公路上同伴被误杀那场戏。

管:你是怎么考虑的?

韩:我觉得还是一个现实的视角,让他们还是要回到现实里头,我很喜欢的一部美国电影《逍遥骑士》,那个结尾很干脆,很酷。他那个故事是很纯粹的类型电影,两个人忽然就被人开枪打死了,他反映的是一个美国人很脆弱的梦想和生活。我觉得我拍的这个电影还是不能脱离开中国的现实,它还不是一部纯粹的类型电影。所以,从主人公他们的家庭关系出发,到他们的社会关系,经过短暂的逃亡,最后还要结束在他们的社会关系上。所以我觉得最后一笔是有必要的,要让流浪者从逃亡的公路上回来,回到生活中来。所以整个电影的结构是从现实出发最后再回到现实,他和社会上的关系永远脱离不开,最后还是在现实中结束的。

管:后来偷朋友的车并携款逃跑的那个二宝,他的谢幕感觉是一个很喜剧性的谢幕。

韩：其实这个人物挺可爱的。每个人都有缺点，但是每个人都有可贵的一面，二宝这个人看上去其实挺靠不住的，最后把车子偷走，还有朋友的钱，但这个人他有理想，他想加入黑社会，所以他最后为着这个理想不顾一切地去了。虽然是背弃了朋友，但是他有他可爱的一面，他有他浪漫的一面，即使有可能他最后的人生结果是悲剧。

管：虽然《赖小子》这个影片可视性很强，很娱乐人，但导演最重要传达的情感还是比较悲观。

韩：我的电影自然跟我的人生观有联系。我从小是一个比较悲观的人，总会想到孤独的一面、失落的一面。虽然对这个世界悲观，但并不意味着我没有理想、没有希望。我觉得悲观反而会给人力量，我们应该充满信心地活下去。

管：你会把这种情绪一直传达到你以后的影片当中吗？

韩：不一定，可能我将来会拍商业片，比如很感人的爱情片或恐怖片。这些电影只能娱乐人，跟我的人生观没关系。我也不能老借用电影表达自己的人生观啊。

管：有没有觉得让自己的电影去发泄自己的话语，是一种不负责任的现象？

韩：其实也不是不负责任，艺术行为像雕塑、油画都是有强烈的个人思想在里头。作品可贵就可贵在人的那种个人精神，哪怕精神上是有缺陷的。就像凡·高的《向日葵》，他描绘的衰败的向日葵插在花盆里头，虽然生命已经没有了。

管：你现在找到了自己的电影语言了吗?

韩：电影语言是电影创作的基本技能,就像其他艺术形式的语言。比如文学语言,首先我们得学会这门语言,学会认字,学会造句,学会写一篇文章,通过这些基本的语言再表达自己的思想。所以,电影语言很大程度上只是一个工具,我只是用这个工具表达我的思想。

二 评论

徐枫 & 梅峰

个体记忆之孔雀
—— 关于《孔雀》的对话

对谈人:徐枫(中央戏剧学院电影史论教师)

梅峰(北京电影学院电影史论教师)

集体记忆与个体记忆

《孔雀》开始于20世纪70年代中后期的安阳小城。

也许对所有的中国人而言,这都是个意味深长的年代。

在一种集体性的、不言自明的记忆里,这是一个真正的"大时代":从粉碎"四人帮"到华国锋的"两个凡是"时期、从"真理问题"的讨论到"十一届三中全会"的召开、从"四个现代化"的重提到

"改革开放"……这一集体记忆不仅成为正史"历史大叙事"的呼应、组成与支撑,并进而成为艺术领域中记忆书写的无意识结构。于是记忆的再现不断成为"宏大历史"的现身,政治化的"微言大义"成为记忆与历史写作的基本标准。这在极大程度上形成了集体记忆与"伟大叙事"对个体记忆的持久压抑。

其实,始自王安忆的《流逝》(1980),一种个体记忆的写作已出现在当代叙事艺术视野之中。在此,由政治事件构成的历史时间作为中介,一端通向绵延的、无底无岸的时间之河,一端通向个体生命的体验、咀嚼与领悟。

如果说这一个体记忆的表述,在新时期文学中形成了涓涓细流,在同时期电影中则寥若晨星。在此语境中,《孔雀》的出现,完成了一个令人惊喜的跨越。

徐枫: 关于《孔雀》,我比较容易想到中国电影中的记忆写作问题。关于"文革"和70年代末的描述,政治和文化的大命题会导引整个叙事。在中国新时期的电影中有几个很小的例外,而这几个例外很容易就归向某个命题。比如《青春祭》(张暖忻,1985)是一次比较明确的个体记忆写作,但《青春祭》给这个个体记忆写作赋予了一个很大的文化比较框架,也就是汉文化和傣文化的比较,是对汉文化的历史性的批判和反省;还有胡玫的《女儿楼》(1985),影片中一个女孩子的欲望受到了压抑,但这同

样很易于归于历史和政治控诉。因此有人认为,90年代以来,在《孔雀》之前,只有《阳光灿烂的日子》(姜文,1994)是一个重要的个体记忆写作的例子。

梅峰: 的确,无论是无意识或有意识的倾向,在第五代乃至更早的影片中,都极其强调小个体和大时代的呼应关系,喜欢通过个体的叙述展示大时代。但在这个问题上,我们也会谈及中国电影中"第六代"的意义:这个呼应关系在第六代那里有一个新的转变。就是对城市的个体生存的描述。

徐枫: 在你看来,《孔雀》在中国电影中的出现与第六代,尤其是第六代影片中对个体生存状态的展现有密切关系。

梅峰: 从第六代开始,一些导演的作品似乎有一个转变,不再强调个人和大时代的直接关联。当然,通过某些具体的作品会呈现某种特定时代感。在作品中可能有一个具体的环境,比如一个小城市、一个城镇,但不强调和大时代的直接呼应。

徐枫: 换言之,在第六代作品中,如果个体记忆和个体现实仍然和时代保持着关系的话,这种关系就表现得非常独特。因为已往的个体与历史的关系,总是有一个笼而统之的走向,在第六代的作品中,这些走向就变得特别多元、特别具体。

所以在这个意义上,《孔雀》的出现是以第六代作品系列为背景的。但总体上,第六代是以表述城市边缘化的个体记忆、个体生存为其基本创作走向的，而《孔雀》所表述的则是最普通的中国故事，是在中国民间的、市井的众生生活中发现的个体记忆。这也许正是《孔雀》在中国电影中的可贵之处。

梅峰： 在这一点上，贾樟柯的作品和《孔雀》还是有可比性的。

差别在于，贾樟柯的作品，有意识地保持了摄影机与被拍摄对象的距离感，而且他的影片是一种展呈式的影片，而不是渗透式的影片。它不是通过摄影机的观看、让我们慢慢进入某种心灵状况、精神层面的影片。他的电影有较强的文献性，是对变革时代中国小城市生存状况的一种"记录"，但是在画面表象和人内在的精神生活的关联上，则比较弱。

《任逍遥》里有一些，赵涛饰演的那个女孩子，画面所捕捉的这个视觉表象，其内在的精神层面是饱满的，你能感受到他在创作上的这种用心。如果在这方面继续发展的话，就可能出现《孔雀》现在这种状态。

个体记忆与精神肖像

《孔雀》的剧作者李樯曾这样概括它的三个主要人物：

看得再多，其实人生不过殊途同归。我喜欢的丹麦哲学家克尔凯戈尔（Soren Kiekegaard）这么说：所有的人生都经历三个阶段，年轻的时候是审美阶段；中年的时候是伦理阶段；老年的时候都会步入宗教阶段。《孔雀》里的三个孩子代表了这三个阶段。你可以将这三个孩子看成人生的三个阶段，也可以将他们看成不同的三个人——姐姐是唯美的，理想主义的；哥哥是世俗的，实用主义的；弟弟是悲观的，虚无主义的。

我们的观点与剧作者或有差异，但这一小结无疑为我们的讨论标出了一条路径。

梅峰： 影片是将三个人物的不同命运互为参照，又放入一个封闭的家庭生活场景里来完成。如果没有三个人物的参照，而只存在其中某一个人物的话，这部影片也不会获得这样的复杂性。

徐枫： 在剧作文本中，除姐姐比重略大之外，这三个人物是以平分秋色的方式罗列开来的。影片仍然保持了这一格局，但哥哥与弟弟的部分都有所削减。一个原因是弟弟的部分在影片里被大大地压缩了，他暧昧的青春情感和校园暴力的段落被影检取消了。如果说影片还没有失衡的话，那是因为姐姐在第三部分中成为弟弟叙述缺憾的补足。这当然是硬件变化所带来的结果，但是也与导演对三个人物的选择和认同有某种潜在的关系。例如，在剧本中姐姐与自己的丈夫离婚、回家，在街头碰见那个复员的解放军，乃至那一天她在挑西红柿时不可抑制的痛哭，都是在剧本前三

《孔雀》电影剧照

分之一的结尾。但到了影片中,则成了影片最后收节的一笔。事实上这个改变显露出一个从编剧到导演的变化。那么顾长卫,这个仍然带有明显的第五代特征的电影人,在对李樯剧本进行的微妙改写中,其关键点在哪里?他的认同又在哪里?

梅峰: 如果说有认同的话,那么在导演看来能支撑起影片的、最灵魂的人物就是姐姐。并且就影片的观看效果、批评的反映来看,最核心的人物就是姐姐。原剧本的三个人物是完全均衡的,但在改变以后,整个影片的气质就是由姐姐来引导了。即使哥哥的故事和弟弟的叙述中,姐姐的比重依然很大。

徐枫: 剧作者应该是钟爱姐姐这个人物的,起码是潜在的钟爱。但导演在姐姐这个形象成型中的作用是至关重要的。就是在剧本中姐姐故事的后半部,李樯对姐姐的描述和影片的呈现有很大差别的。剧本中,近80年代以后,姐姐是"衣冠不整,大粗黑眉毛格外扎眼",成了一个"庸俗"的、小城镇家庭妇女形象。但在影片中,在导演处理中,由张静初饰演的姐姐,却一直保持了类似于少女的清纯气质。虽然承载了更多世俗生活带来的重负,却一直保持了她最初的明净。这是在导演的判断和剧作者的判断之间发生的一个变化。

梅峰: 我个人赞同这个选择。它保持了观众对姐姐作为一个纯净形象的认同。但就如我们所说,这个人物身上没有爱情。这是悲剧性的核心。

徐枫：事实上，如果姐姐在影片中发生过唯一一次爱情的话，那是一次完全的理想之恋，或者说是一次幻觉中的爱情。她为这种幻觉中的爱情付出了一生的代价。在影片中，处理了几个与姐姐的生活有密切关联的男人。第一个形象是士兵的形象，士兵的形象代表了一种她向往的生活。在士兵那里，就像剧作者李樯写下的那样，"男伞兵笑了一下，牙齿晶亮地一闪……这笑太平常不过了，只对身怀心事的人触目惊心。姐姐永远不会知道，她对这笑容的负荷，使她自己和这笑容都蒙受无辜"。这是一份超载的爱情。

梅峰：如果说有一个实体性的对象让姐姐产生过冲动的话，那就是外部世界。一开始的飞机与降落伞，和紧接着的招兵。那是一种到远方去，过上一种完全不同的生活的愿望。影片给出的空间环境、封闭压抑的家庭，是她想离开这个环境的原因。这个幻想的破灭是对她最大的打击，致使她选择了那个司机。

徐枫：在此我们需要对人物作更细致的解读。事实上，果子是在小城中唯一读懂姐姐内心狂热的人，当他看到姐姐带着降落伞在小城中骑车欢呼的时候，他的呼应是异常强烈的。但对姐姐来说，这种呼应是没有价值的，更有甚者，这种呼应就像一面镜子一样照出了她自己行为的荒诞、生活的无望乃至"龌龊"。果子在她的情感中是没有位置的，所以当她与果子在树林中见面时，为了取回降落伞，她毫不迟疑地脱下了裤子，这个行动对果子来说是一个致命的打击。在剧本里李樯写道："人生很器重的事情，在这么一个无意的下午，跟底片曝光一样，几秒钟就报废了，啥都不存在。"而在影片中有一个更强烈的表述，果子开枪打伤了自己：他突然明白了，在姐姐看来，他与降落伞相比价值等于零。与姐姐和果子关系的抵牾相比，她与"干爸"的关系就显得意味深长。事实上，如果果子的呼应是带有欲望和肉体性质的话，与干爸的相遇就是纯精神性的，由一支悠扬的乐曲导引的一次精神沟通。所以姐姐的所有感情，甚至对另一种生活的渴望都发生在一种非肉体的、非物质性的基础上。

梅峰：这个特点带出了我所说的影片内在精神的层面，因为有了所有这些细节，姐姐这个人物变得复杂起来了。这部影片与其说是形态，不如说是气质上与第五代作品有差异。在外在视觉形态上，它是非常平静和非介入性的（在这点上与《秋菊打官司》等作品都有共性）。但同时，《孔雀》体现出一个特别内在的层面，就是内在疯狂。影片中的几个人物，包括父母，虽然细节不多，但都有一个内在疯狂的层面。我觉得这是《孔雀》让人感到特别复杂的原因。因为他没有给人物设定性格（这是《秋菊》等都有的共性），而是进一步深入，让我们看到人物非理性的、听从直觉和潜意识召唤的特点。

徐枫：在这里首当其冲的人物是姐姐和弟弟。值得注意的是，不同于剧本，姐姐完全贯穿了影片，而且占据了弟弟部分近二分之一的比重，与此同时，弟弟在整个影片中充当了画外音叙述人（这是剧本中没有的），这使姐姐的精神和弟弟的精神形成了一种互相照应的关系，两个人物都有某种纯精神的、内在疯狂的特征。我同意"姐姐是唯美的，理想主义的"，也同意"弟弟是悲观的，虚无主义的"（但并不同意弟弟与"宗教阶段"的对位，因为"悲观"和"虚无主义"并不是宗教的同义语）。我想强调的是，如果姐姐在影片中扮演了一个憧憬理想的，为理想飞蛾扑火的角色，哥哥扮演了一个完全以现实为标准的角色，而弟弟扮演了一个在虚无中自我流放的角色的话，在我看来，弟弟的精神流浪是姐姐的精神追求的一个投影、一种延伸。非常有意思，当结尾，姐姐在痛哭流涕时，是弟弟作为一个沉默的目击者留在她身边的。

梅峰：姐姐和弟弟是心心相映的。

徐枫：例如那个扔钱的镜头段落，弟弟开始不想给姐姐钱，但当意识到她是去考"伞兵"时，却义无反顾地把最后一元钱扔给姐姐。姐姐在行动中表达出来的那种理想的狂乱，事实上在弟弟的内心深处存在着。因为面对这种理想破灭的绝望，他选择了一种自我流浪、自我放逐的生活。而这两个人物的内在疯狂、内在放逐的特征都与"世俗的、实用主义的哥哥"形成了对话。当这两个人物在其精神生活中不再有余地的时候，它们都对照着哥哥做出了一个极其现实的选择：姐姐选择一次无爱情的婚姻得到了一个工作升迁的机会；弟弟找了一个有孩子的女人去过一种世俗化

《孔雀》电影剧照

的婚姻生活,而这个女人既是弟弟满足欲望的对象,又是一个靠自己的技艺能养家的女人。所以我认为在《孔雀》中有一种内在的分裂,一方面人物蕴藏着不可抑制的幻想、疯狂、甚至暴力的成分。但同时,所有人物的行为又非常严格地按照一种现实利益要求来进行。

梅峰: 你刚才描述的,当他们的精神逻辑和他们的现实逻辑发生冲突的时候,人物的痛苦感就产生了。李樯曾说哥哥是混乱年代的智者,而他也是唯一没有悲剧性的一个人物。

徐枫: 因为他是按照现实和欲望的原则,在最大程度上满足了他自己。在李樯谈这部影片时曾说过,在三个人物中,他最

《孔雀》电影剧照

喜爱的是哥哥这个角色。就是说看似愚钝,但对现实生活却有最强的适应性,并完全按现实利益原则来生活的人。

梅峰: 这使影片获得了更微妙的气质:这不是一部悲情电影!哥哥带来的种种戏剧感、诙谐和幽默给影片中的生活带来了抚慰。虽然哥哥愚痴又富于心计,虽然他对自身利益的本能追求给家庭带来了不平等,但哥哥形象的存在却给整部影片带来了幽默和茁壮的生命力。也正是这样的生命力使世俗生活得以延续。

徐枫: 但分裂依然存在。我们看到姐姐的理想受到深刻的、一而再、再而三的挫伤时,她做出了非常现实的选择,而这一选择在最后只还给她了一个更深刻的痛苦。

梅峰: 这才有了她最后痛彻心扉的痛哭。如果没有这两个极端的选择,没有所谓向命运低头,这次痛哭就没有效果,也不会获得认同。而现在的影片虽然包含了非常残酷的成分,但在其情怀上却是特别温柔而悲悯的。

徐枫: 同时创作者仍然怀有对理想很深刻的崇敬。因此,如同导演经常谈到的那样,这是一部向普通个体、向世俗生活致敬的影片,也是向这些个体在世俗生活中无法忘怀的理想致敬的影片。

影像之为语言

《孔雀》是三姐弟的故事、一个家庭的故事,也是一个小城的故事、一个寂然年光的故事。故而《孔雀》是对个体记忆的书写,却并非一部"私电影"。因为每一个个体的记忆和生命轨迹,将使无名众生从一片苍茫中显出其轮廓、光影与生息。

或者正因此构成了影片独特的叙事形态,即以主观视点叙事、却以客观视点呈现。这也在极大程度上决定了影片以长镜头为主的镜语风格。影片的大量段落是由单镜头构成的。因而镜头段落构成了影片的基本表意单位。

梅峰: 从90年代看,《孔雀》的形态比较特殊。一方面在观片前,我们有对顾长卫的期待:作为第五代的摄影师,会不会把他以前作品中的风格带到这部作品中来?但从《孔雀》看来,它与其以前的作品之间没多大直接的延续关系。他以往的作品,是第五代的造型风格典范,讲究影像的色彩感、造型感和摄影机的运动。通过种种视听中介达到某种情绪、气氛和寓义。在《孔雀》中,则是以长镜头为主体的,这与顾长卫以往作品在视觉风格上拉开了距离。

一定程度上,是剧本本身决定了影片的某种特殊气质。剧本所描述的故事、时代,故事中所设置的几个人物及他们的家庭和社会现实,都极度成熟、扎实。而剧本对人物感情、精神世界的理解和对他们生存处境的把握更奠定了影片形态的基础。

纪实性长镜头和叙事性场面调度,在第五代以往的影片中就已存在；例如《秋菊打官司》就是场面调度叙事非常绵密的作品。《孔雀》吸引人的，不在于它的纪实感，也不仅仅在于它的人物内部和外部动作之间很强的张力关系。摄影机在一种看似旁观性的、非介入性状态下，真正透入了一种精神性的表述，而且辐射性地进入了命运、伦理、社会的种种层面。另外我们知道，50年代，小津安二郎给世界电影带来了平面与静止的影像风格，而沟口健二的镜头运动展现了卷轴画的镜头美学。相对于日本美学的这些表现，中国影像美学在哪里始终是一个问题。《孔雀》也无疑参与到对这个问题的答复中。

徐枫：对《孔雀》的影像形态进行分析是困难的。但我们似乎首先需要从影片的长镜头主体中区分出"非长镜头"镜语。

由于深入精神层面，并存在着幻想与内在疯狂的成分，《孔雀》有着某种超现实主义的因素，但超现实因素的表述却从不以长镜头形态出现，而总是通过蒙太奇镜头分切完成的。例如，在影片第一部分《姐姐》，影片由躺卧的姐姐开始的"降落伞"段落：

1. 大全景，俯拍，姐姐在凉台上仰卧；
2. 中景，俯拍，姐姐在凉台上躺卧，慢慢睁开眼睛；
3. 远景，天空，四柄洁白的降落伞在空中展开；
4. 全景—中景，姐姐在草场中间的路上骑车向前；
5. 远景，天空，若干洁白的降落伞打开落下；
6. 远景，天空，若干洁白的降落伞打开落下；

7. 大全景，一个伞兵渐渐落下；

8. 远景，天空，若干洁白的降落伞打开落下；

9. 大全景，后景里一女伞兵落地，与中景的女伞兵呼应；

10. 中景，姐姐背面，回头时，一女伞兵经过前景；

11. 全景，三位女伞兵，前景中的女伞兵收降落伞；转身向前走来——是"姐姐"；

12. 中景，姐姐凝想；

13. 全景，姐姐立于前景；后景一个男伞兵落下，降落伞突然落在她的身上；

……

在这个段落中，幻觉是在分切的镜头中被表现的。在影片的第三部分《弟弟》中，有一个非常类似的段落。在值班室里烧玻璃的姐姐被问及弟弟的消息。切为电视荧屏，弟弟正穿着海军的制服在舰艇上。再切回姐姐，她骄傲地挺直身子，说："我弟弟当水手去了！他在周游世界！"

可以看到，蒙太奇与长镜头的对立在影片中成为幻觉与现实的对立。因此，在这部有一定超现实主义因素的影片中，长镜头调度并没有任何超现实性功能，因而与费里尼的长镜头形态有本质的区别。

可以认为，影片的长镜头方法较接近于让·雷诺阿的方法，亦即这是一种以连续性时间空间保持人物动作与关系完整、连贯、真实的方法。但同时，如果说雷诺阿盛期的场面调度强调画外空间，强调窗与门对画外因素的透露与暗示，以突出叙事所寄存的开放性社会现实。而在《孔雀》之中，场面调度确有相当的封闭性，这与影片个体记忆书写的内在性相一致。影片极少空镜头（景物镜头），基本意义上，物的世界不是创作者观看与追寻的对象（如安东尼奥尼的语言风格所显现的）；《孔雀》的镜头是为人物而存的，长镜头调度中有着绵密的叙事性，以及对人物心理层面、精神层面非常敏感的捕捉。这让我们想起了沟口健二的著名箴言：不拍无人的镜头，空镜头无表情，不表意。这一观点虽然有所偏执，但以人物及其动作为镜头调度的唯一准绳，确实是其影片的基本方法。但是，对照沟口健二影片中激烈的内/外动作，《孔雀》的调度节奏要舒缓得多，因为这里展现的不是大开大合、或凄艳或冷峻的悲剧故事，而是人生平常戏剧的出演。因此"平凡"不仅是影片的表面，亦是影片的实质。

传统与诗

梅峰：影片极具质感地展现了世俗生活。90年代以后，我们在重谈中国电影的民族性问题，其实电影民族性问题就是与艺术传统衔接的问题。在这个意义上，你可以说《孔雀》承袭了中国电影的传统，如果说中国电影或者中国艺术有一个传统存在的话。中国传统艺术对世俗生活的展呈似乎是平淡无奇、白描式的，但在其中包含了心理层面的种种表述。很少中国电影有这种气质,能真正在市井生活、世俗生活、日常生活的时间绵延上工作。在几年来的中国电影中,路学长《卡拉是条狗》中有这一传承。同样出自第六代的导演群,路学长就有这种对日常生活的注视,其表象通常是琐屑而卑微的,但在这种生活的表述中获得了某种抚慰性的效果。《孔雀》正是在这个方面走得非常深入。

徐枫: 在这个可衔接的范畴里,如果说它们都植根于市井生活、日常生活,路学长《卡拉是条狗》式的表述与《孔雀》也有很大的区别。在《孔雀》中不仅仅是世俗人生的苦乐,而是给出了某种精神指向。这首先是由剧作文本奠定的。剧作者将个体记忆放在了芸芸众生的生活与时间之中,但是他给予三个主要人物的走向,其实是精神纬度的走向。虽然哥哥好像是在一个现实纬度的走向上,但对这个"现实"的注视却是精神性的,即在一个精神层面上对"现实"进行的阐释。

梅峰: 这就是眼光的不同。他可以处于很现实的状态,可以是一个很世俗的人,比谁都功利,但如果有姐姐和弟弟的参照,哥哥的存在就有了更深层的意义。而姐姐,你可以说她的形象中有某种神性的成分。

徐枫: 可以说,这就是她身上的理想成分,而这也是导演对他由衷认同的原因。

梅峰: 有篇文章说《孔雀》调子太灰,没有超越性的东西,没有很多艺术大师所给出的灵魂的超越。我觉得那种东西

《孔雀》电影剧照

对《孔雀》来讲是不存在的。在这样的人物身上、在他们的命运中没有牺牲的机会。他们为谁去牺牲?没有牺牲,何谈精神性的超越?对命运的抗争与解决,这都是不存在的。生活就是那样的生活。

徐枫:也可以说,在他们的生命中没有实践理想的机会,只有对理想的难以忘怀。

梅峰:这又涉及中国文学传统的问题,就是不强调宗教性的结

果,即所谓宗教的归宿感。中国文学,仅从市井文学这一部分来说,是没有宗教归宿感的,但对人生的种种体验与感悟都在其中。《孔雀》正是沿袭了中国文学的这个传统。

徐枫: 而且在中国文学传统,特别是诗学传统中有一个很重要的主题,就是现实与理想、此处与彼处的隔绝所造成的痛苦和思念,而这种痛苦在中国文学中真正表现出哀而不伤的特质。非常肯定地,《孔雀》继承了这一点。因此我通常不说这是一首"心灵史诗",因为它没有史诗的英雄、牺牲与拯救主题,相应的,我认为它是一首"心灵长歌":长歌当哭,本身就既是一种抒怀又是一种克制。

梅峰: 而且还有他最后给予的整个人士的寄寓感、苍茫感和最后融入时间洪流中的渺茫感。

徐枫: 在我看来,"时间"正是影片的另一个要点。《孔雀》所表达的时间,有异于许多中国电影,不是一种历史时间或政治时间,也不是在过于封闭的个体空间中畸变了的时间。《孔雀》的时间具有两重性。一重是个体生命所度量出来的时间,她/他痛苦、幸福或无知无觉的时间;另一重就是你刚才说的时间的洪流,我们也可将其称之为众生的时间,最终所有人都淹没在这一时间之中。在中国电影中,我们曾对抗政治、对抗文化、对抗历史,但在这部影片中,人物对抗的是时间,即注定要淹没他们的时间。虽然影片以重叠的三部分进行叙事,却从未丧失时间的流逝感。影片最后姐姐的痛哭,是所有对抗的失败,而接踵而来的就是关于"孔雀"的寓言化段落和最后一个镜头中为白雪所覆盖的新城区:这是一个极为简洁的时间的形象,一个流逝、变迁与寂静的形象。在这样的时间中,或许永远是众目睽睽又悄然无人,其中潜藏着那些关于开花的隐秘记忆与隐秘欲望。是为"孔雀",另一种意义上的"孔雀"。

郑隆福

贾樟柯电影作品《世界》两个版本的比较

贾樟柯的《世界》有两个版本：

一个是国际版本，片长138分钟，简称长版。2004年，贾樟柯把《世界》带到第六十一届威尼斯电影节上全球首映的就是这个版本。有学者称其为"威尼斯版"；另一个是中国国内版本，片长108分钟，简称短版。2004年8月4日始，在国内院线放映了此版本。

在作者查阅的百余篇国内外相关文章中，只有国外一篇简单地讲道："《世界》在中国有个短版本。这是为了在电影院能够多放几场，所以把影片剪短了。"而国内只见一篇文章说："从长版本剪到短版本，也是往观赏性多

世界

贾樟柯电影作品

北京在打雷
乌兰巴托开始下雨

The World
A Film by Jia Zhangke

做了一些。"以上两文均未作分析。本文将对后一观点进行商榷。此外,在几份出售《世界》长版DVD的广告中提到两个版本问题,但此长版DVD在一般音像店很难购到。再者,网上曾有极少量的长短版本的比较。但也是只言片语。这样就出现了较有趣味的情势:大多数国内观影者并不知道《世界》还有个长版,而国外观影者更难看到《世界》的短版。这是一种双向的不可逆情势。《世界》的长短版本主要有以下四点差别:对主题歌"乌兰巴托的夜"的不同处理、从"长"到"短",完全或部分地剪掉一些镜头、变化了一些镜头的顺序与增或减了电影的段落标题。本文不是要流水账式地叙述两个版本的各项差别,而是将抽取几个重要的差别问题,解析《世界》主题的几个层面,诠释男、女一号人物的塑造,以及对其影响。

《世界》的主题歌与主题的全球化层面

《世界》的主题歌——"乌兰巴托的夜",原是一首盛传于蒙古民族的思乡歌曲。由音乐人左小诅咒改编,贾樟柯填词,为歌曲赋予了新的意义和情感。MV由赵涛演唱。歌词如下:

穿过旷野的风啊慢些走/我用沉默告诉你我醉了酒/飘向远方的云啊慢些走/我用奔跑告诉你我不回头

乌兰巴托的夜啊/那么静那么静/连风都不知道我不知道/乌兰巴托的夜啊/那么静那么静/连云都不知道我不知道

飘荡异乡的你啊在哪里/我的肚子开始痛你可知道/穿越火焰的鸟啊不要走/你知今夜疯掉的不止一个人

乌兰巴托的夜啊/那么静那么静/连云都不知道我不知道

在短版中,当小桃和安娜在小酒馆里借酒倾诉衷肠后,晚上,她俩坐公园的无篷车回世界公园。在两人静默的近景镜头中,响起主题歌(前两段)的画外音。与之相应,在银幕下方打出歌词的中英文字幕。但是,长版中,不仅没有这些字幕,歌唱也被主题曲的电子配乐所代替。在小酒馆里,安娜倒是为小桃教唱了前两句歌词,但那是用俄文唱的。这意味着,《世界》的国外观影者根本没有听到,当然也就不知道这首主题歌"乌兰巴托的夜"。

《世界》中有关"乌兰巴托"的情节出现四次:

情节一 小桃的前男友梁子来看她,说是要坐国际列车去乌兰巴托,并给她看了护照。太生开车与小桃送梁子去北京站。

情节二 当小桃与安娜在小酒馆相聚时,电视播出北京与乌兰巴托的天气预报。

情节三　安娜的妹妹去了乌兰巴托。安娜到中国打工挣钱,后坐飞机去那里寻找妹妹。

情节四　《世界》的主题歌"乌兰巴托的夜"。在出现主题歌的这段戏,打出标题字幕:乌兰巴托的夜/Ulan Bator Night。

有意思的是,《世界》频频出现"乌兰巴托"一词。这固然与贾樟柯的感受有关,他说过:"童年收听电台播送天气预报,经常有'冷空气从乌兰巴托来'。"这让他对乌

兰巴托产生很多幻想。但,更主要的是,"乌兰巴托"是一个电影符号。它涉及《世界》主题的全球化层面。

《世界》里反复出现的是巴黎、伦敦、纽约和罗马的景点。太生和小桃津津乐道的也是这些地方。但是,民工走世界去不了那儿,只能去乌兰巴托。尽管那儿有沙尘暴和西伯利亚寒流。因为他们出国是去卖苦力。乌兰巴托是非洲、中亚等不发达地域的象征符号。贾樟柯创造这一虚拟"世界"与真实世界的强烈对比,是《世界》里的重要反讽。

除了分析《世界》开掘的主题,还可讨论主题歌歌词的诗化语言。歌曲的叙事主题是远在乌兰巴托的安娜妹妹。但是,歌曲唱出了小桃、安娜和其他离乡打工者的心声。

主题歌唱出了飘荡异乡的民工的孤独和乡愁。李白说:"举头望明月,低头思故乡。"在夜深人静之时,身处异乡、举目无亲的民工喝醉了酒,辗转难寐,只能和"穿过旷野的风"和"飘向远方的云"说话,可是"连风都不知道我""连云都不知道我"。

主题歌唱出了飘荡异乡民工的压力和伤痛,但是无法向身处另一异乡的亲人倾诉,只能对着"穿越火焰的鸟"说,我们都在火上煎烤啊。

主题歌唱出了飘荡异乡的民工的期望和奋斗。他们不管遭遇多大的压力和伤痛,都会对"风"和"云"说,我会不断奔跑,"我不会回头"。

本文第一章中阐述了《世界》的第一副主题:描绘当今中国社会里民工走世界,劳工全球化的新鲜图像。综上所述,《世界》主题歌表达了影片主题的全球化层面,抒发了《世界》人物——移民民工的生存心灵,"歌曲在推动电影故事中起到了纽带作用。沟通了影片中有着相同命运体验的两个女人之间的感情"。主题歌用诗化语言诠释《世界》,具有震撼力量,不失为"画龙点睛"之笔。国外观影者看《世界》听不到主题歌,这对他们理解《世界》是一大缺憾。贾樟柯为何做此处理,不得而知。

"东京物语"段落与《世界》主题人际关系层面

"东京物语"是《世界》长版中一段戏的段落标题名。它在短版中被全部剪掉。这对主题的呈现有一定影响。

"东京物语"是小桃与歌舞团演员友友之间的对手戏。可以概称为"友友使绊"。在此之前做了两场戏(两个镜头)的铺垫。

铺垫一 女演员宿舍。老牛又因为找不到小魏与她争吵。友友穿着高级时装,提着两个高级购物袋走进。颇有烦意。她递给小魏一本杂志。友友说:"看看,上面有些租房信息。"小魏:"你想赶我走啊?这里总管穆经理来了也说不了什么吧?"友友:"你什么意思?"小魏:"我就是个没意思的人。"友友对小魏说到穆经理很敏感。

铺垫二 演员化妆间。小魏在帮小桃换表演服装。魏对桃说:"注意点,友友已经对你不满意了。"

影片没说原因。但告诉观众,友友对小桃已有过节。

"东京物语"故事梗概(共三个长镜头):

世界公园内,友友与穆经理在游玩拍照。穆秃头老气,近60岁。他给友友拍单人照后,两人又自拍双人照。友亲昵地依偎在穆身旁。友与穆出公园。手拉手地上穆的汽车。友友无意间回眸,小桃正从马路上走来。友面有难色。桃注视汽车开走。

世界公园东京屋。小桃身着和服走出休息。友友也着和服走向小桃。二人对话:

"桃姐,有些事咱俩知道就行了。不要去跟别人说。"

"我什么都不知道,我能说什么呢?"

"谢谢。"

歌舞团办公室里,演职员会议。穆经理宣布,刘友友担任歌舞团新主管。友友讲话,明天下午拍广告。她命令式地叫:"赵小桃!其他角色都有人选了。你就扮演黑人妇女吧。"小桃回击:"那你觉得我脸黑吗?"

这场戏将友友当"官"后对小桃使出的"下马威"表

现得淋漓尽致，扣人心扉。友友为了生存，傍上秃老头穆经理，又自知不甚光彩。这事小魏虽有察觉，但无明证，可恰恰为小桃亲眼所见。友友为堵住小桃的嘴，曾哀求"桃姐"，"不要去跟别人说"。可是，当她靠着穆经理当上歌舞团主管后，马上就给小桃"穿小鞋"，甚至直呼其名。这一切都是因为小桃知道她的"底"。鲁迅所言："人一阔，就变脸。"先生在这里为友友，也为一些靠走歪路向上爬的民工如何对待同伴画了一幅极为深刻的漫画。

值得指出的是，小桃并不是有意窥探友友的私密而知"底"，她是完全无意才看见了那件事的。小桃并无过错。但是在友友看来，"有意"还是"无意"无关紧要，要紧的是结果。结果就是自己生存的障碍。可是这对小桃来说，做人该是多难啊？

故事接下来引领观众展开想象：如果小桃心有不服，不乖乖听话，那么只有"走人"一条路。友友坚信一个准则：我要活得好，你就不能活。

但是，友友与穆经理的关系也是不确定性的。在"婚纱后场"中，小桃对友友说："你多好啊，当领导了。"友友有难言之隐，说："嗨，不就多一个手机嘛？"这说明她付出的多，得到的太少了。

最近，贾樟柯再次出征2006年意大利威尼斯国际电影节时说："我以往的电影都是在表现人际关系。"

如前所述，本文认为，《世界》主题的一个层面就是，

《世界》电影剧照

揭露当今社会世态炎凉、处处陷阱的人际关系。而这一主题层面的体现,有两段戏:"二小偷钱"(本文后述)与"友友使绊"至关重要。《世界》短版中,已将这两段戏全部剪掉。这样,贾樟柯所说"表现人际关系",将难以为继。

二小沉沦与太生的矛盾人格

二小是世界公园的保安。他既是太生的属下,又是老乡。在长版中,二小共有九场戏(九个镜头)。而在短版中，却把其中重要的五场戏（五个镜头）剪掉了。它们是："二小偷钱""警方传讯""太生质问""恋舍世界"与"遣送回乡"。

这五场戏的故事梗概：演员们在前台演出，二小负责保卫化妆间。他打开一个放在桌上的女手提袋，从拿出的一沓钱中抽出几张，装入自己口袋，又在另一间化妆间重复同样动作。当他摇晃着钥匙盘，想再进入第三间化妆间时，被老牛看见了。

太生带着几个警察到埃菲尔铁塔景点，二小被带走了。

太生在金字塔景点旁等二小，责问他："拿了没有？"并打了他耳光。

深夜，二小站在纽约世贸大厦景点前，不舍又无奈地看着周围景色。

太生用自行车推着二小的行李送他回乡。短版在把这五场戏剪掉后，有以下影响：

第一，二小和阿飞之间原本美丽动人的爱情戏，在导演的"剪刀"下已光彩不再。

阿飞是埃菲尔铁塔景点上的观光电梯司机。她爱二 故事梗概：太生和二小正在铁塔上吃午饭。阿飞拿着一个玻璃瓶向二小要开水喝。二小给她倒开水时，阿飞不由瞥他一眼。开水太烫，她有些拿不住杯子。

铁塔上，另次午饭时间，阿飞又拿着那个玻璃瓶向二小要开水。他接过杯子,从口袋里掏出一个早已准备好的塑料杯套装在杯子上。阿飞一脸感激、幸福之情。

当二小被警察带走时,阿飞疑惑、关切地看着,手里还拿着那个瓶子。她把二小交给她的扩音器放在桌上,追了上去。扩音器播出:"欢迎你来到埃菲尔铁塔。"

阿飞独自一人在铁塔上闷闷地吃饭,用那个玻璃瓶喝水。桌上放着二小留下的扩音器,还在播放着那句欢迎词。

长版的这场爱情戏保持贾樟柯平静叙事的电影艺术风格。两个人物都只有极平静的外部动作,而没有言语动作。这种影像语境极其细腻地揭示了两个年轻民工在异乡漂流中追求爱情的波澜澎湃的内心世界。那个玻璃瓶和扩音器以及传出的欢迎词,是两颗纯洁的心凝聚的象征,也是物是人非、思念爱人的信物。总之,这段戏很美。观众特别对阿飞这个善良美丽的姑娘留下深刻印象。但是,短版中将二小犯事的戏全部剪掉,这场爱情戏就只剩下"两次倒水"了。这真让观众感到不伦不类,不知所云。

第二,不演漂泊人偷漂泊人的钱,削弱了《世界》主题的人际关系层面。二小"监守自盗"的戏是蕴含《世界》主题的人际关系层面的重要电影形象之一。中国有句俗话:"兔子不吃窝边草。"二小"吃窝边草"这件事使民工们意识到,同是打工人,仍然不可信。

第三,缺了二小与太生的对手戏,不能完整描绘太生的矛盾人格。

这是对《世界》短版最主要的影响。成太生是《世界》的男一号人物。对这个人物的评析是影评的重要部分。但是,在作者收集的百余篇国内外文献中所做极少。只有一位学者认为:"成太生在电影里没有人性的光辉,也没有高潮,从头到尾就是市侩、灰色……他除了好色没有其他亮点。这个从头到尾没有内心斗争的主角到底是想表现什么?电影也不知道。"这一评论值得商榷。成太生是民工进城后最有抱负和野心的代表。他在小旅馆和小桃幽会时说:"我来北京的第一个晚上,听着火车的声音就发誓。在这个地盘上,我一定要混出个名堂来。"人物的言语动作何等直白。

按照斯坦尼斯拉夫斯基戏剧体系的"最高任务"和"贯穿动作"学说,本文认为,成太生的"最高任务"是,在看透的世界里出人头地,而"贯穿动作"是"寻找",寻找金钱,寻找多元性爱。太生在这个社会的大变动中,看透了生活的真实世界。而小桃至死仍然生活在她的梦幻世界中。一个看透世界,另一个看不懂世界,这就决定了太生与小桃爱情发展的悲剧高潮。

有趣的是,上述太生的言语动作是,"听着火车的声音发誓"。小桃反问道:"这里哪儿有火车?"在贾樟柯作品中,"火车"是一个特别的隐喻:"召唤"。这个主题曾经被几个外国学者分别讨论过。贾樟柯说:"火车特别对我们住在被陆地环抱的偏僻地方的人来讲是非常重要的。我们看不到大海,并且对外面的世界是无知的。""火车象征着希望和未来。""我看是一种召唤吧。"即,当今社会灯红酒绿的物质和精神生活,强烈召唤成太生去完成他的"最高任务"和"贯穿动作"。

应该说,太生的"寻找"奋斗成绩很大。他刚来北京三年,就在世界公园当上保安队长。他巡逻各景点时,在那里站岗执勤的保安都要向他敬礼。他不仅手持对讲机,还有一辆可以自由支配使用的面包车。更主要的是,他在为黑道人物老宋干黑活,挣公私两份钱。

但是,另一方面,当今全球化与现代化的社会既给了太生改变命运的机遇,又颠覆了他的伦理道德,扭曲了做人准则。从而造成了太生无确定性的极端矛盾人格。

表现一 太生爱小桃,要小桃完全属于他。但是,他又毫无顾忌地与廖阿群偷情。

当太生正吃午饭,听说小桃和一个男人出公园时,立即追到小酒馆。虽然,小桃已向梁子介绍太生是她的男朋友。但是,太生还要当着梁子的面为小桃整理头发,故意做"戏"给梁子看。后,太生对小桃说:"看见那小子,我的心就像被电熨斗熨过一样。""你是不是还和那小子藕断丝连?"他刚刚要小桃用身体证明爱,转眼间又去廖阿群那儿调情。他和阿群的暧昧关系一直保持到她去法国为止。

表现二 太生看透"这年头谁也靠不住,你只能靠自己"。但是,在关键时刻又真诚关心、帮助老乡二小和"二姑娘"。

在二小犯事的前中后,太生都在教育和关爱他。犯事前,当太生知道二小和别人打架时,对二小说:"一点也不长脸(懂事)。""再有下次我就把你送回家去。"犯事中,虽然太生对二小很严厉,打了他,但那是兄长般的"恨铁不成钢"。犯事后,用自行车推着二小行李,送他离园。他回过身来,关切地说:"把衣服扣好。"另外,太生全力以赴参加"二姑娘"之死的全部活动。其中有个情节在短版中被剪掉了。一个大夫拿着一张"二姑娘"的医疗费用单走过来交给三来。太生因三来没照顾好"二姑娘"很生气,一把抓过那张单子就抢着去交费了。这个情节虽有表现力,但是剪掉它倒也不碍大局。

表现三 太生打骂二小偷钱是"没有出息"。但是,他自己却参加黑道活动,挣黑钱。如为老宋搞具有防伪标志的假身份证。由此可见,前面的评论简单化了些。

安娜的遭遇与小桃的人物悲剧性

在短版中俄罗斯女演员安娜有六场戏(六个镜头)。

"初进'世界'":安娜等四位俄国女演员被领进歌舞团与大家见面。

"售私相识"：安娜卖给小桃走私手表。二人互通姓名。

"洗衣谈家"：在洗衣房，小桃说给男朋友洗衣服；安娜拿出与两个孩子合影给小桃看。

"酒馆告别"：安娜说她要去干另一份"工作"，但她憎恨它。

"乘车回园"：在主题曲"乌兰巴托的夜"中，二人乘无篷车回园。

"舞厅再见"：小桃与安娜在夜总会的洗手间巧遇。小桃知道了安娜的"工作"，两人相拥而泣。

前五场戏都是最后一场的铺垫。那是安娜的高潮戏，更是小桃的重头戏。贾樟柯要在这场戏打动观众。遗憾的是，观众并不动心，甚至感到莫名其妙。"在《世界》中，贾樟柯最难忘的场景是，小桃与安娜在夜总会的卫生间偶遇的情景"，"这一幕却把文艺青年看乐了——太矫情、太做作、太伪善"。评论有些过分，但不是毫无道理。这段戏长版比短版多出三场戏（四个镜头）。

"逼交护照"：歌舞团走廊。四个俄国女演员与大家见面后，外国蛇头逼迫她们交出护照，并说："我保管比较好。你们容易弄丢了，会有人偷的。"三人勉强给他。安娜说："我可不想。"蛇头："给我。"安娜只得慢慢掏出来。

"后背露伤":化妆间安娜正在化妆,上身披着一件普通夹克衫。小桃进屋。安娜高兴地站起来招呼,又准备从房间高处的架子上取食品款待小桃。正当安娜举起双臂取物时,夹克衫从身上滑下。从她的露背舞服可见,背上有道道伤痕。小桃疑惑、同情的眼神,似乎明白发生了什么。

"何人乘机":在"舞厅再见"一场戏后,建筑工地上,小桃正和"二姑娘"说话。一架客机飞过一些未完工的混凝土圆柱。"二姑娘":"桃姐,你说飞机上坐的是啥人?"小桃:"反正我认识的人都没坐过飞机。"

"飞往蒙古":客机上,靠近机窗坐着的正是安娜(中景)。

比较一下安娜、小桃的短版与长版对手戏,我有以下看法:

第一,只有长版给观众一个完整的安娜,观众才能理解一个完整的小桃。

长版的九场戏十个镜头完整地描绘了安娜出国打工的遭遇。已婚又有孩子的安娜为挣钱去乌兰巴托寻找妹妹,而来中国做歌舞演员。但蛇头拿走她的护照,逼迫她到夜总会做妓女。安娜不从,便被打得伤痕累累。最后,只能去做那憎恨的另一份"工作"。可见长版中镜头"逼交护照"与"后背露伤"是将"安娜遭遇"这段戏推向高潮的两场关键情节戏。小桃和观众一起完整地了解安娜:"同是天涯沦落人。"心地善良的小桃同情安娜,又怜悯自己。两个人抱头痛哭,观众也被打动了。

"心地善良"与"不懂世界"是小桃这个悲悯人物的两个侧面。后者不易为人所见。实际上,她从到城市打工到死亡之前,都没有看透这个真实世界的人性自私和残酷,一直封闭在那个虚假的"世界"里。

例如,虽然她知道安娜的整个遭遇,但是她不懂安娜所发生的悲剧人生。在"酒馆告别"镜头中,她听安娜说要去干另一份自己憎恨的"工作",却劝慰道:"没事的,到圣诞节可以到公园看焰火、拍照。"两人坐无篷车回公园时,面部表情反差很大。安娜心事重重,小桃松弛安详。在镜头"舞厅再见"中,虽抱头痛哭,但她仍不懂人生。这已为后来她与太生的爱情悲剧发展所证明。

又如,她听太生亲口所言,"你对我也不能相信",但仍然以身相许,并幻想着与太生结婚,有一个稳定的家。这却屡屡得不到太生的满意答复,并最后看到阿群发给太生的短信而破灭。小桃说:"天天在这儿(世界公园)待着,都快变成鬼了,真想出去逛一逛。"

这是她在虚幻与真实世界的夹缝里被挤压,被嘲弄而不得自由的呼声。"小桃模糊地懂得应该做什么可以帮她从困境里摆脱出来,但却不能说服自己进行这些交易,而是心怀着飞翔的幻想。"

第二,长版中两个镜头"何人乘机"与"飞往蒙古"相联系是对《世界》主题的不公社会现实层面的有力体现。

当小桃刚向"二姑娘"说,她认识的人中没有人坐过飞机时,她不仅认识而且成为朋友的安娜正坐飞机飞往蒙古。但是,安娜是靠在夜总会做妓女赚钱才坐上飞机的。这就加深体现了《世界》主题的不公社会现实层面(第三副主题)。同时又是对社会的有力反讽。而短版只有"前一",而无"后二"镜头,对表达这一主题的力度就小许多。贾樟柯的两个镜头联系独具匠心,构思巧妙。短版剪掉"后二"镜头实为可惜。

《世界》短版与长版的其他差别

A　其他完全或部分剪掉的镜头

第一,小桃和太生在小旅馆吵架后,两人和好去参加游乐项目——"魔毯"的镜头被剪掉。游乐中两个情侣坐在"魔毯"上,录像显示"魔毯"在埃菲尔铁塔的背景中飞向天空。这个镜头隐喻小桃要逃离虚幻,飞入真实世界的幻想。贾樟柯这一立意新颖,但为缩短片长可以剪掉。而这个镜头的重要性又有争论。主张保留它的观点是,在某种程度上它还增加了影片的感情———一对情侣在一起享受真正的快乐,哪怕是多么的短暂。

第二,关于太生和小桃的两个Flash动画被剪掉。其中之一是，太生去医院看望"二姑娘"时，小桃给他发短信，并演出小桃正在宾馆等他的画面。之二是，在"东京物语"一段，太生给小桃发短信，说他昨晚无法与她见面，因为"二姑娘"死了。手机背景是急速驶过的火车。前一镜头表现太生虽然看透世道，但仍然人性并未泯灭；后一镜头展示两人正在上升的爱情矛盾的短暂缓和。剪去虽有遗憾，但无太大影响。

在2004年威尼斯电影节中散发的《世界》宣传资料里对上述镜头还有另一种解释：贾樟柯渴望表现一种被科技侵袭的当代世界。在这个世界里，真实的事件被手机发来的短信所中断，像这两个Flash镜头一样。它们表现出了当代社会里的一种特殊现象。

第三，太生带小桃去见老宋。太生与老宋在室外密谈。小桃在屋里一脸关注的近景镜头被剪掉。影响不大。

第四，小桃发现太生与阿群的隐情后出走。太生寻找她。此处剪掉的第一个镜头是，太生在公园员工宿舍外问正在练舞的几个女孩是否知道小桃去向。第二个镜头是，太生询问一个老头：小魏的房子在哪儿，然后慢慢上楼敲门。在短版里，只看到太生给小桃的手机打电话，但无人接听。另有，太生为找小桃在晚上开车的镜头。

这里，剪掉第二个镜头遗憾较大。小桃与太生最后是在外出度蜜月的老牛和小魏的新房里死去的。虽然，此房门后贴有一个大红双"喜"字（注意，外国人不懂汉字，是看不懂这一细节的）。但是，剪掉这第二个镜头后，观众不知这里是何处，"喜"从何来。而小桃一直幻想着与太生结婚，建立稳定的传统家庭。这条与小桃的"最高任务"和"贯穿动作"相关的动作线，没有真正走到终点，却在自己虚幻的，别人的新房内"达到"了"终点"。即老牛和小魏结婚用以折射小桃和太生的"结婚"戏。这又是一个《世界》中真实与虚幻的交叉点，是贾樟柯的又一精彩之笔。但它在短版中被破坏了。

第五，老宋让太生陪廖阿群去太原处理她家里的事。过程中，从"长"到"短"剪去两个镜头。之一，在太原，阿群和阿兵详细交谈他们弟弟欠债情况的极次要戏；之二是在回京的长途车上，太生与阿群身体依偎着睡觉。这已有不少情节说明二人关系。所以，剪去这两个镜头使影片更加精炼。另外，还剪掉一些无关紧要的过场戏，不再细述。

B 电影段落标题的不同

贾樟柯将《世界》分成几个段落。每段戏皆有段落标题，且以中英文字幕的形式出现在该段的首个镜头上。短、长版皆有的几个标题是，"不出北京，走遍世界"\See the World without Leaving Beijing；"大兴的巴黎"\Paris in Beijing Suburb；"乌兰巴托的夜"\Ulan Bator Night；"一天一个世界"\Ever-changing World。

"短"有"长"无的标题是,"美丽城"\Belleville;汾阳来的人\Boys From Fenyang。短版这样细分段落使影片的不同段落区分得更为清楚。

("美丽城"可使观众连接到巴黎的唐人街。)

贾樟柯使用段落标题"汾阳来的人\Boys from Fenyang"有两层意思:

第一,他承认自己深受台湾导演侯孝贤的影响。外国学者和评论家也将贾樟柯的电影及其长镜头与侯孝贤的电影相联系。虽然此点也有争论,但是这个标题的确是暗示

了侯孝贤在1983年拍的电影《风柜来的人》。

第二,该标题也与贾樟柯的故乡汾阳有关。他的《小武》与《站台》都发生在汾阳。《世界》中,"二姑娘"及其父母,包括太生和三明都来自汾阳。这样即可使熟悉他前两部作品的观众与贾樟柯构成某种默契。

长版中的标题"东京物语"\Tokyo Story,因这段戏在改"短"时被全部剪掉,当然在短版中就没有了。

该标题是为一些相关的电影迷而制作的。较多的西方评论家说贾樟柯的电影风格与日本导演小津安二郎有

很相似的地方。贾樟柯也承认这个关系。《东京物语》（1953）是小津安二郎的杰作。它的故事是讲一对生活在农村的老人。他们去东京看孩子。因为两者代沟较大，所以他们很不适应在东京的生活，因此老人感到很孤寂。而只有他们去世的儿子的前妻对他们很热情。在此，我们能看到这两个故事的链接：《东京物语》中，一对老人失去他们的儿子，去了大城市；《世界》中，"二姑娘"的父母从农村来到北京为儿子办葬礼。当然，这个链接关系是比较纤细的。

此外，还有六个镜头的叙述顺序有变化。限于篇幅不予细述。

总的来说，长版比之短版既无主题歌唱，也无主题歌词中英文字幕，长版比短版长30分钟。从"长"到"短"，有29个被删掉的镜头，12个缩短的镜头，6个改变顺序的镜头，增加两个、减少一个段落标题。由上看出，从"长"到"短"的主要变化是一些镜头被完全或部分剪去。记者在采访贾樟柯时曾问："《世界》剪了两个版本是否是对商业的一种妥协呢？"贾樟柯说："应该说是一种让步吧……"由于贾樟柯开始创作是用长版的容量完成他完整的艺术立意和构思的。所以，"长"剪"短"后，除少数镜头更为精致，有些镜头既节省时间，又无大碍外，相当部分镜头影响了主题的体现与主要人物的塑造，艺术效果不甚好。以上有文认为，从"长"到"短""往观赏性多做了一些"。而本文认为与此恰恰相反的是，降低了观赏性。

为此,这也不能不说是《世界》短版在国内院线放映时,出现"叫好不叫座"现象的一个原因。国内观众不太能接受一个残缺不全的《世界》。但是,本文作者认为,随着电影盗版DVD的到来,更多的中国人将有机会看到一个更完美的《世界》。

《三峡好人》

故里、变迁与贾樟柯的现实主义

座谈人：李陀 崔卫平 贾樟柯 西川 欧阳江河 汪晖
地点：汾阳中学
时间：2006年12月22日上午9时至12时

汪晖：感谢汾阳中学和我们《读书》杂志组织这样一个研讨会。从看《小武》开始，就对汾阳留下了印象。我是第一次来汾阳，刚才穿过街道，走进这个校门，看到这么大一个中学，建筑保存得这么完整，难以想象这是1902年建设的学校。走进学校的时候，我们好像也在走进作为现代变革开端的历史。这次在汾阳看《三峡好人》，朋友们很兴奋。在各种各样的大片占据了几乎所有的电影空间的时候，贾樟柯的电影弥足珍贵。如果没有这样的电影，我们对当代中国电影的叙述大概会完全不同。下面我就把话筒让给与会的朋友们了。

第五代之后新一代导演的崛起

李陀：这是我一直期待的一部片子，至少就我个人来说，期待了五六年了吧，甚至有十来年了。我觉得《三峡好人》出现的意义，主要不在于它是部好影片，也不在于贾樟柯得了威尼斯电影节的金狮奖。这部影片的意义，必须放在中国当代电影的大形势里评价，如果这么看，《三峡好人》的意义才能凸显——这是在中国当代电影史上非常重要的一部影片，它或许是一个新的电影发展的开始。

应该说我自己做电影评论有很多年历史了，从80年代就做影评，90年代以后做得少了，但是因为对电影有着特殊的感情，这些年一直在关注中国电影的发展。80年代中国电影是一个高潮，这是事实。可是我和一些做电影批评的，还有做电影史研究的朋友，还在80年代就有一个疑问：80年代的"新电影运动"（当时很多理论文章都有这个提法，现在已经被人遗忘了）到底能不能持续？到底能走多远？很多年了，我想这个疑问在朋友当中一定像一根尖刺，越刺越深。今天我要非常不客气的，也是第一次在这么一个公众场合表达我对整个第五代导演的彻底失望，尤其是对张艺谋和陈凯歌。为什么强调第五代？因为"第五代"是80年代"新电影"的中坚,曾经是中国电影的希望,被认为是中国电影的未来。这些年,眼看着这一代电影人的形象日益混浊,可总不忍心说,这出戏完了,该落幕了,总以为或许有转机。但是,我们能等到的,是一次又一次的失望。实际上,大家看到的,是以陈凯歌、张艺谋为象征的"第五代电影"的无可挽回的没落过程——今天我用"没落"这个词儿是慎重考虑过的,对我自己来说,也是很沉重的。可是,没落就是没落,实实在在的一代人的没落。第五代电影,还有中国新电影运动的没落,是中国电影史的一件大事,对世界电影来说,也是一件大事。中国新电影运动在80年代兴起,是非常重要的电影事件,也得到了各国电影史家、影评家、观众异常的关注,而且有非常高的评价。这样一个电影潮流为什么这么快(算起来,它的兴盛不过几年工夫)就没落下去了?这里大概有很多原因可以思考,希望电影理论界做更深入的讨论,在这里我就不多说。

为什么我今天这么强调第五代电影的没落?因为这是我们评价贾樟柯,评价《三峡好人》的一个必需的背景。你批评或者分析一个艺术运动走向没落,虽然非常非常重要,可是批得再深,骂得再狠,都不能代替电影自身的发展。我们必须有新的作品,我们必须有新的电影实践来证明我们的电影还有出路,我们还有新的空间,还可以做新的探索。而《三峡好人》的出现,不但满足了我们的期待,甚

《小武》电影剧照

至高于了我们的期待——第五代可以没落,中国电影可不能没落,我们在贾樟柯的出现和进步里,又看到了希望。

我想起第一次看《小武》的情景,有点神秘的色彩,大家(总共几十个人)在一个街头集合,然后曲曲折折到了一个很秘密的地方(欧阳江河插话:"那是书法家曾来德的工作室——《小武》在北京的第一次放映,是我找人找地方组织起来的。"),简直像一次地下活动。我记得,这小群观众里还有张艺谋,当时我很惊讶,心想他怎么也来了?不过,张艺谋看完以后一句话没说就走了。到现在我还好奇,不知道他看过《小武》之后到底是什么印象?就我自己来说,看《小武》是我一次非常不寻常的新经验,有一种预感,觉得这是个新东西,里面隐含一种新的电影发展的可能。但是,这种可能性究竟能长成什么东西?得需要时间,需要看,需要等。今天,我觉得自己终于等到了。有了《三峡好人》,贾樟柯在《小武》里的试验和探索终于有了一个完满的结果,有了一次成熟并且完整的实践。总之,我们现在可以说,从《小武》到《三峡好人》,贾樟柯的电影写作已经获得了一种电影史的意义:在80年代兴起的新电影潮流没落之际,我们看到了新一代导演的崛起,看到了新的希望,我们看到了新的空间,这是我特别想说的一个意思。《三峡好人》是中国当代电影史上非常重要的一部影片,它或许是一个新的电影发展的开始。

贾樟柯电影出现的另一个背景,是近几年迅速兴旺起来的中国商业电影。既然中国今天已经融入全球化市场社会，拍商业片，拍大片，以电影来谋求高额利润，是必然的，是正常的市场行为。问题是一个国家的电影能不能完全被商业电影统治？除了商业片之外还有没有别的电影存活？能不能有一批导演，不谋求私利，更不谋求暴利，不进入商业片制作，为严肃的艺术电影挤出一块足够的空间？我想答案是肯定的——这当然很难，不但是我们中国，在法国、德国、意大利等很多国家，也都非常困难。1997年我在布拉格住过两个月，我们想看一点捷克电影，可是看不到，全是美国电影。后来好不容易找到一个很小的只有几十个座位的地下室影院，才有机会看了十几部捷克电影，印象深刻极了——在好莱坞之外，捷克的电影导演拍摄了那么多非常棒的电影，了不起！相比之下，中国在80年代崛起的电影导演，除了个别人，集体向好莱坞投降，让人感慨。当然，这么说，不是说中国就没有人拍非商业电影了，当然有，特别是近两年，出现了一些年轻的导演，都很活跃，都在拍，埋头悄悄干活儿。虽然还比较模糊，但一批青年导演都有着共同的追求，形成一种共同的倾向，那就是以影片关注现实，介入现实。

在我看来，贾樟柯正是这一倾向的代表人物。《三峡好人》这部影片的成功，不可忽视的另一个意义，就是让这样一个电影潜流，这样一个青年电影人群体，一下子被放在聚光灯下，从此被社会所关注，也从此被社会检验。我以为人们会用比对待第五代导演更严峻的态度不断向他们发问：你们能走多远？你们能不能坚持？对现实的关注和介入到底是不是你们的追求？还是一种临时的策略？

回到了《小武》的活力

崔卫平：即使在今天第五代导演如李陀先生所说的那样"没落"，也不要忘了，第五代至少有过一部非同寻常的好电影，那就是《黄土地》。与《黄土地》相媲美的，是贾樟柯的《小武》，这两部电影是中国电影的不同阶段的代表作，提示着中国电影的成就、活力和新的可能。

那天在北大看了《三峡好人》之后，感觉十分兴奋，首先是替贾樟柯高兴，因为明显感到在影像活力方面，贾樟柯又回到了《小武》的状态，拍得很放松，很自由，没有任何负担。摄影师的表现突出，演员选得非常成功，男主角韩三明的外貌和气质，奠定了这部电影的精神气质。但是我昨天看到韩三明本人时，还是感到大吃一惊：这个贾樟柯动的什么脑筋，将这么一个矮小的、根本不起眼的人推上了自己影片的男一号？昨天晚上观看电影之前，贾导演一一介绍这部电影的剧组成员，当韩三明、"发哥"等人站到导演身边，我的感觉是好像一个马戏团，贾导演是带着一个马戏团在工作。说"马戏团"，一是强调它的草根性，二是强调他们之间的差异性，怎么会挖出这样一群五颜六色、参差不齐的人们？当我看到他们时，对贾樟柯的工作有了进一步的了解。看到贾樟柯与他们说话，就像自己的兄弟姐妹，这个场景非常感人。

这部影片，我觉得最为突出的不是故事情节，而是它的背景，是正在拆迁中的城市，是那些裸露出来的钢筋水泥，是在废墟中不停地敲打。我甚至觉得"废墟"才是这部影片的主角。我说摄影师表现突出也是这个意思。在拍摄对象面前，他的目光是深切的、深情的、深入的、深深尊重的，不是草草了事的，心不在焉的。他处理得非常好。在这个意义上，这部影片同时具有一个纪录片的成就，记录了我们这个变迁时代的重要痕迹和人们所感到的揪心的那些。这种记录，使得这部影片成为非凡的、光彩夺人的。

但这个背景与其中发生的故事是有差距的，故事中的人是千里之外来的人，并不是被拆迁的人们他们自己的故事，也不是拆迁给人们带来的变化或者影响⋯⋯

贾樟柯：我去的时候是想拍纪录片，但是最后改为故事片的时候我非常着急，给我剧本的时间并不长，当时我也很矛盾，是以一个在当地生活了很长时间的人感受这个故事，还是以外来人进入到这个现实里面展开讲，我后来觉得应该以一个诚实的视角进入，所以就采用了两个外来人来到这个地方，可能有很深入的介入，可能有表层的略过。我解释一下当时基本的想法。

崔卫平：也就是说，这个故事展开和形成的过程，与你影片拍摄的过程是同步的，这样一种工作方式，在中国电影中是不多见的，有很多值得总结的地方。

唤起了对19世纪俄罗斯作品的感觉

西川：昨天看了电影以后，我非常感动。在当代，无论在哪个行当，能够使我感动的东西已经很少了。我现在回味一下这种感动，隐约觉得这是一种19世纪的感动。《三峡好人》这部电影，它所叙述的故事、它的叙述方式，以及演员的表演，唤起了我对一些俄国19世纪文学作品的感觉。

我们这次来参加这个活动，看到汾阳拉了好多的横幅，祝贺贾樟柯导演"荣归故里"。"荣归故里"这个词也让我想了好多的事情，包括我们今天来到这座汾阳中学，都有一种故里的感觉。我长期生活在北京，我从来没有觉得北京是我的故里。很多生活在大城市里的人慢慢地就没有故里了，在现在这样一种生活状况之下，我个人越来越没有了对故里的感觉。

但是贾樟柯的电影，无论他拍哪儿，都让人觉得有一种故里的感觉。这个故里当然包括远景的故里和近景的故里。我注意到《三峡好人》里拍到江水，拍到天上的云彩，这些东西都是非常安静的。历史上，中国文化当中不乏对于安静的大自然的描述。但是现在，一旦你走近你的故里或故乡，一旦它近在眼前，它的噪音就起来了。这种巨大的噪音，那些敲敲打打的声音，平时让我们觉得乱七八糟的声音，在贾樟柯的这个电影里面却获得了一种诗意。这不是传统意义上的诗意，而是贾樟柯自己发现的诗意。另一种诗意。电影一开始，有一场挺滑稽的魔术表演：一个人变换手中的钱，把美元变成欧元，把欧元变成人民币。好玩。这对这个时代来讲太有意味了。钱这种东西，居然在贾导的电影里获得了诗意。比如农民工仔细看钱背后的风景画，夔门、壶口瀑布，这种诗意是穷人的诗意。对于有钱人来讲，钱本身是没有诗意的，它是资本，是数字，是符号，但对于手里没钱的人来讲，钱币本身就有了诗意。电影中所表达的生活的匮乏，还有对匮乏的发现，都让我们产生了对故里的感受。

这个电影表现了好多的不协调，比如说人人手里都有一个手机。我们可以讲这是中国的现实，但进一步说，我们也可以讲这是中国当代的滑稽现实。滑稽现实是我们所处的日常生活。我们平时可能不觉得这环境有多滑稽，或者是我们麻木了，但是当贾导重新讲述一遍的时候，他的确讲出了中国的现实。电影里有几处神来之笔，比如移民纪念碑变成火箭飞上天，比如最后有一个人在两座废楼之间走钢丝，都是神来之笔。中国巨大的现实有它的封闭性。奇怪的是，也许封闭的现实过度积众，就会指向某种非现实或超现实。"超现实"原本是西方的概念，但我觉得在《三峡好人》这个电影里面，从滑稽现实到超现实有一种内在的递进关系。贾樟柯式的"土包子的超现实"，其实是我们巨大的现实，紧紧扣住这样一种现实，是强大的叙

《三峡好人》电影剧照

述者才能做到的事。

我觉得在东欧的文学、电影当中,有一个让我很受启发的地方。比如说波兰文学。波兰很少有人大声疾呼说我们要建立一种波兰文学或者波兰文化,但人家就弄出了自己的文学、自己的文化。不光是波兰人,其他东欧人,捷克人、保加利亚人、匈牙利人等,他们都做出了自己的文化。其秘密就在于他们紧紧扣住了他们的现实,就好像手指甲抓到肉里面的感觉,抓出血来的感觉。东欧作家和东欧艺术家跟他们的现实之间的关系,产生了一种独特的东欧文化的形态。

我们中国近年来的电影,在很多人那儿,已经变成了讲述"中国"的便捷手段。我们的商业电影,似乎铆足了劲要塑造一个比中国还中国的中国。在这样一个大家都纷纷要讲一个比中国还中国的中国的时候,贾樟柯来告诉我们一些有关故里的事情。这个故里的每一块砖瓦、每一个噪音都是故里,每一句骂人话都是故里。讲述这样一个故里生活，我觉得比讲述所谓"中国"的电影要有价值得多。这种电影是伟大的电影。我先说到这儿。

贾樟柯电影中的中国现实

欧阳江河：我是一个铁杆的贾樟柯影迷，他的每一部电影我都看过两到三遍。《小武》我最初是在当年北大的批评家周末上看到的，看后兴奋得不得了。刚才李陀谈起的那个《小武》放映活动，是我给贾樟柯介绍的场地。《站台》我第一遍看的是还没有完成的工作版，是初剪。从《小武》《站台》《任逍遥》《世界》，到昨天看的《三峡好人》，这么一路看下来，贾樟柯的电影也成了我理解中国的一种特殊方式，特殊途径。换句话说，我对当今中国现实的理解、观察和讨论，里面包含了贾樟柯作为一个电影人的眼光。平时我和贾樟柯很少联系，但是一看到他的电影，就觉得彼此之间有一种心灵和生命体验意义上的深度交流。中国现在渐渐出现了一些相当不错的电影，像我不久前看到的《赖小子》，是一个叫韩杰的青年导演的作品，电影也是在山西拍的。这个电影我要向在座各位郑重推荐。

刚才西川说，他在贾樟柯的电影里面看到了许多诗意，这种诗意是贾樟柯自己的一种独特发现，这一点我非常赞成。他捕捉的这种诗意，我尽管是一个诗人，但我是捕捉不到的。我也注意到那个故乡在人民币上的呈现，人民币在那个时候变成一个文本,而不仅仅是"多少钱"的一个标记,这个文本呈现的是一处风景或者几个人物,我第一次发现那风景是夔门,我原来真没注意。《三峡好人》这个电影带给我一种深处的感动。我昨天一边看,一边在想,我是不是应该抵制这种感动。因为这种感动有时候是很微妙、甚至有些危险的,假如这种感动带入我的工作状态以后,有可能变成一种纯粹的怀旧,或者纯粹的自恋。我认为真正有价值的感动,一定包含了对感动本身的抵制和质疑,那样一种双重的、加倍的感动。现在已经很少有东西可以感动我们了,有些东西可以打击、可以震撼我们,但是可以带来真正感动的太少了。我觉得这是贾樟柯电影所呈现的诗意里面最为珍贵的一种品质,这种质量在中国电影导演里面我真的没有看到第二个。

我在想,《三峡好人》这个电影为什么让我一边感动,一边又抵制感动,然后将这种感动的双重性推进到思考和追问的层面呢?这个电影所呈现的影像世界后面有一层非常复杂的、捉摸不定的现实。这种现实,刚才崔卫平讲是拆迁中的现实,这样一种正在消失的现实,它深具中国特色。各种各样的拆迁,或许是发展的代价,带有现代化进程中特有的过渡性质,是各种因素的混合物,包括地方政绩、形象、经济和文化发展的定位等等。这里面有着许多从艺术家的角度来看是匪夷所思的东西。像我曾长期居住的成都,那里的拆迁还有一种非常古怪的性质,就是把古老的真正的文物给拆掉,拆掉真的然后建一些仿真的东西。

当然也有的是把老的拆掉，盖新的、实用的东西。三峡拆迁带有全国瞩目的性质，贾樟柯刚才说用外来的眼光看这个现实，但三峡在某种意义上是中国人共同的故里，三峡拆迁不仅仅是本地人的事情，它的影响所及是超出本地的。正是在这种情况下，以两个山西外来人寻找的目光来看待拆迁中、变化中的三峡，看待物的现实和人的处境，由此所产生的震撼和乡愁才能带来深深的感动。

《三峡好人》所面对的三峡拆迁的真实历史影像，带有记录性质，而不是人造的摄影棚背景，对比贾樟柯的上一部电影《世界》，两者在这方面有很大的差别。《世界》的背景是公园里的人造物，是符号化的、假的东西，是供人游玩时的一个仿真的背景。比如真的世贸中心在"9·11事件"塌掉以后，公园里的还在，这真的很怪诞。而《三峡好人》拆迁的影像是真的，置身于这样一种现场真实，贾樟柯原本只是拍一个纪录片《东》，拍一个画家如何以三峡民工为对象进行绘画创作，贾樟柯本人又以画家的具体绘画过程作为其电影记录对象，而在这么一个双重记录过程中，贾樟柯又产生出一些特殊的想法和感受，觉得不拍一个剧情片就无以表达他对现实的感受。现实是一回事，艺术所传达的现实感是另外一回事。往往最能把握这个时代现实之深意的东西，不一定是那种对真实的所谓客观描述，而是向艺术的、文学的、带有创造性的诗意偏移的某种东西，它带给我们对现实的感受有可能比真实本身更真实。

贾樟柯面对如此真实的三峡影像，他在电影中放进了两个虚构的故事,但是这两个虚构的故事所唤起的东西,我觉得又是生活中很真实的一些命运的东西,记忆的东西,以及沉默的东西。比如他通过噪音唤起的是远景的自然之沉默,是云的无声,这种沉默不语和我们的现代生活衔接得非常好。噪音唤起的是更大更广阔的沉默,远方的沉默又融入中国现实巨变中的混杂和喧嚣,这里面的过渡和衔接非常有意思,包括人的命运。我觉得这个电影里真正在移动的那些东西,恰好可能是固定在那儿不动的建筑,所以会突然出现那个移民纪念碑飞升起来的镜头,这可能是一种隐喻。三峡如此大规模的拆迁,已经建立了两千年的城市在两年之内就要消失,它被纳入了国家经济发展的整体构想之中。电影对这样一种现实没有做简单化的处理,而是将许多复杂的东西不做表层评述、不做来龙去脉的交代,就那么做出不动声色的直接呈现,在同一个时间里,同一个空间里,将人的命运放在里面,物的状况也放在里面,然后在种种影像起起落落之间呈现出现实的质感和纹理,我们从中能感到电影本身的能量和深邃。三峡的拆迁吸引过众多影像艺术家的关注,我知道有很多人拍过纪录片,拍过照片,画过画,但很多人是将三峡作为一个正在消失中的静止物像来处理的。

西川:为什么英文名叫 *Still Life*(《静物》)?

贾樟柯:因为到三峡的时候会重新唤起物质的一种关心,但是到了三峡普通的居民里面,很多家庭都是家徒四壁。

欧阳江河:改革开放这么多年,像北京这种大城市,很多人现在面对物质,物质造成的巨大压力可能不是欠缺带来的,而是剩余。现在大都市人所面临的新问题,尤其是心灵上的问题,很多是剩余物的产物。但在三峡这样的地方,物质还是有所欠缺,欠缺还在人们的生活中、命运中起作用。

这个电影里,有几处对欠缺有非常直观的涉及,比如说其中有一个故事线索,就是男主角在寻找多年前他用钱买来的媳妇,这里本来就有一个欠缺,女人的欠缺,中间又有分离16年的时间上的欠缺,为什么整整16年你不来寻找?这个疑问也是我一开始就有的,它无法回答,男主角在电影中也没有回答,贾樟柯根本没有回答我们的疑问,对物质的欠缺,人的欠缺,时间或命运本身的欠缺,其实我们有时真的没法回答。

这个电影的寻找主题也别有深意。女主角的寻找,她可能一开始就知道聚会最终会变成告别。但她一定要找到他。看电影时我担心,贾樟柯会不会讲一个司空见惯的故事,女的在家里独守空房等着在外挣钱的男人,而男的在外面找了另一个女的,这是中国讲了多少年的故事,现在还在讲,我担心他怎么讲这个故事。出乎我意料的是女主角在分手时告诉男的"我有了另一个他",这样的处理避开了简单意义上的女性主义,也没有对所谓当代陈世美做漫画式的道德谴责。我觉得从这类细部处理,可以看到贾樟柯在电影里是真的成熟了,不光是导演意义上的成熟,也是人的意义上的成熟。这里面有从容和大气,包括对复杂性

《三峡好人》电影剧照

的理解和重现,导演想要的东西又被男主角很好地体现了出来。男主角韩三明的表演是非常了不起的,他找到了一个人自身生命所具有的质量,与一个电影的质量和节奏的完全吻合。这非常了不起。

不饱和生活,可能是一种具有时代性的东西

西川: 我再说两句。贾樟柯的电影给我们提供了一种复杂性,由于这种复杂性,《三峡好人》不同于其他的电影。它复杂在哪儿呢?电影中本来处理的是一个以拐卖妇女为背景的寻亲的故事,但是男女两人之间却存有一种说不清道不明的情感。我也不知道那算不算一种情感。拐卖妇女当然是一种犯罪,这种情况在今日中国并不罕见。电影中,那个买妻的农民(韩三明)和那个从山西跑回三峡的妇女,都是最普通、最老实、最懵懂的农民,但就是他们,演出

了最复杂的情感模式。我脑子里找不到一个合适的词来形容他们的生活和情感。他们之间的关系称得上爱情吗？他们之间的买卖关系称得上"罪大恶极"吗？一开始我脑子里想到的是"不达标"的爱和犯罪，但是恐怕用"不饱和"来形容或定性他们之间的情感以及引发这种情感关系的犯罪看来还算合适。普通中国人的生活在一般状态下基本上是不饱和的。饱和爱情和饱和犯罪反倒不那么常见。所以，不饱和生活，可能是一种非常具有时代性的东西。《三峡好人》所表现的"好人"，无不是不饱和生活中的好人，这一点很重要。另外，从叙事结构上说，不饱和生活的复杂性呼应了中国古代叙事文学中某一种缠绕的结构。你们看《新白娘子传奇》讲的就是一个在结构上极其缠绕的故事：老和尚把白娘子压在塔下，白娘子是犯了天条的，按理说应该被压在塔下；老和尚本来维护天条，但他越维护天条他越不得人心。人心全向着那犯了天条的白娘子。白娘子这个故事把生活、人间情感拧成了麻花，同样，讲述不饱和生活的《三峡好人》也把生活拧成了麻花，但叙述本身又极其平实。而电影的思想性就在这平实的，同时又不乏滑稽的、超现实的叙述中展现了出来。

李陀：刚才的讨论里隐含了一个问题，也是过去我们经常遇到的老问题，是什么呢？就是一部好的艺术作品，不应该在他的作品里面对生活做清晰的解释。生活经常是暧昧的，艺术必须尊重这种暧昧，所以，好的作品总是把可能的解释更多地留给读者或者观众。我觉得这一点贾樟柯做得非常好。近年中国电影的一个通病,就是导演把事情解释得太清楚(张艺谋、陈凯歌的电影在这方面是难得的典型),把观众想象成弱智。中国的现实太复杂了,我们大概没有任何人能把它解释清楚,强做解释,不如把这种复杂性保留在故事里面,保留在人物形象和镜头语法里。《三峡好人》在这方面做得很好,一方面,这部影片的故事和任务都很单纯,另一方面,这单纯里有待观众解释的东西非常丰富。看这样的电影,过瘾。

从《小武》到《三峡好人》,我觉得贾樟柯已经形成了自己很完整的艺术风格,或者是一个艺术体系(说形成"体

《三峡好人》电影剧照

系"是否合适，这当然可以讨论）。是不是可以这么看，贾樟柯在重新诠释现实主义，当然也不是贾樟柯一个人在做这件事，这几年，还有一些比较年轻的导演，也都在重新理解，或者重新诠释现实主义，并且用这种新的理解进行现实主义的写作。我对西川刚才发言里说的"故里"这个概念，非常感兴趣。如果说贾樟柯的现实主义形成了他自己的风格，形成了他自己的艺术特点，形成他自己的一个体系，我们是不是可以把它命名为"故里现实主义"，或者"故乡现实主义"这样一个东西？贾樟柯昨天在会上宣布说还要回汾阳拍片子，而且将不止拍一部，他如果能兑现，那很了不起，是电影史上很少见的做法。我们很少见到一个电影导演回到自己的故乡，以自己的故乡为背景，为对象，反复地观察思考，而且把这个观察思考化作电影实践。现在，也可以说贾樟柯已经开始这么做，并且在电影实践中已经形成了他自己的特殊语言，形成了他自己完整的一个叙事风格，有他自己鲜明的美学追求。这不但和贾樟柯对现实主义新的诠释有内在的联系，也和他把"故里"与现实主义紧紧联系在一起有内在关系，也许，以后我们再说贾樟柯的现实主义，就不能不把贾樟柯的故里放在一起思考、讨论。

用纪实史诗的方式展现碎片化的时代

汪晖：一个好的电影导演能够用自己的镜头语言产生自己的一

个世界。我这里说的不是那些外加上去的风格特征,而是以独特的语言、形式、人物等等表达出的对这个世界的独特理解和思考。有些导演的电影语言很特别,但历史观完全是俗套,看起来炫奇斗巧,但其实没有自己的世界。贾樟柯的电影有自己的世界,他以自己的方式在思考这个世界的变迁的意义,而不是重复那些自命深刻的套话。贾樟柯非常敏感,总能找到自己的方式重构历史记忆,从《小武》到《世界》已经显示了这个特点,但《三峡好人》与《小武》等等作品仍然有些不一样。《小武》以纪实的风格从一代人的感觉中揭示时代的氛围,我们多少感到有一种自传的味道。《世界》在更大规模上表达变迁,但对场景的运用上继续了传统电影的方式,纪实性是在虚构的世界中展开的。《三峡好人》这个片子也集中在一个地方,叙写两个寻找亲人的故事,但通过三峡、山西的勾连,不但展示出广阔的社会变迁图景,而且虚构性被置于纪实性的叙述之中。这部片子是和纪录片一起套拍的,它们涉及的不是贾樟柯个人熟悉的生活,在广度和深度上超出了他先前的影片。

很明显,贾樟柯在拍片的过程中花力气在研究中国社会。我先用几个例子做说明。最明显的例子就是三峡大坝的建设与移民问题,中国不但有三峡工程,而且在全国范围内,尤其是西南地区,水坝和水库的建设规模是世界罕见的。我这几年也卷入过类似的调查研究,不是用影像的方式,而是其他方式,因此对贾樟柯描述的准确性有点体会。过去几十年的移民安置，涉及数以千万计的人口，官方也承认大部分人的生活较迁移前下降了。移民生活的问题不仅是经济水准的下降，还涉及小区的消失、人际关系的改变和生活方式的彻底转化，这些在这部片子中都有准确的表现。另一个明显的例子是山西矿难不止，但我们从新闻中看到的是死亡的数字，而缺少从劳动者的角度对这个问题的表现。在这部影片之前，有李杨的《盲井》描写煤矿和打工仔的生活，票房不好，但已经是当代电影中少见的能够震撼人心的作品。《三峡好人》通过韩三明饰演的角色这条线索，将山西矿工生活与三峡移民工程联系起来，将它们同时置于我们正在经历的大变迁中。再一个例子是"小马哥"死亡与云阳机械厂的关系，我不知道贾樟柯是否调查过云阳曲轴厂在改制过程中的案例，但看到这里的时候，立刻想到了这个曲轴厂的故事，《南风窗》上曾有详细的报道。《三峡好人》开场时有"林冲夜奔"的川剧唱段，而后有"小马哥"贯穿起来的《上海滩》音乐，再加上情节中的各种因素，比如旅馆老板在遭遇拆迁时的愤语是：我还是有几个烂朋友的！这些要素显示"黑社会"已经是我们日常生活的一部分。赵涛饰演的沈虹在王宏伟的带领下到刚刚建成的大桥边的舞场找丈夫的时候，先是满场黑暗，而后是那个大款对着大桥叫道：一、二、三！刹那间红色的大桥灯火通明，但桥的形状却让人想到那座倒塌的重庆綦江的彩虹桥。这和影片开头变魔术的场景倒有一种呼应关系。这些要素在作品中不仅是象征性的,而且更是写实性的,它们共同地为影片提供了内涵丰富的背景。

下面我分几个方面来讨论这部影片,首先是开头与结尾。佩里·安德森(Perry Anderson)说贾樟柯是结尾的大师,那时候他还没有看到《三峡好人》。这部影片的结尾——云中漫步——是神来之笔:在废墟之上,一边是工人继续拆迁,一边是一个拿着横杆的人在两座废墟之间的高空中走钢索,而镜头是韩三明和追随他一起离开三峡前往山西煤矿寻找工作的打工仔们,前途渺茫。这个结尾和叙述完全是融合在一起的,韵味无穷。原先我对贾樟柯电影的开头没有特别多的注意,现在回想第一次看《世界》的时候,仍然记得嘈杂的后台的叫嚷着要创口贴的声音。

《三峡好人》的开场是一大群人挤在一条船上,主角是韩三明扮演的去寻找16年前离开他的妻子的山西人,韩三明在这个群体中若隐若现。接下来就是船舱中耍马戏的场景,钱币——这个在电影中扮演了重要角色的东西——首先是在马戏表演之后要钱的场面中出现的。这个场景让我联想到1933年鲁迅发表在《申报·自由谈》上的一篇文章。这篇文章写的是鲁迅童年时代阔于"变把戏"也叫"变戏法"的事情。他说:"这变戏法的,大概只有两种——一种,是教一个猴子戴起假面,穿上衣服,耍一通刀枪;骑了羊跑几圈。……末后是向大家要钱。一种,是将一块石头放在空盒子里,用手巾左盖右盖,变出一只白鸽来；还有将纸塞在嘴巴里，点上火，从嘴鼻孔里冒出烟焰。其次是向大家要钱……'在家靠父母，出家靠朋友……Huazaa! Huazaa!'变戏法的装出撒钱的手势，严肃而悲哀地说。别的孩子，如果走近去想仔细的看，他是要骂的；再不听，他就会打。果然有许多人Huazaa了。待到数目和预料的差不多，他们就捡起钱来，收拾家伙，死孩子也自己爬起来，一同走掉了。看客们也就呆头呆脑地走散。"鲁迅反复地描写了这个过程，最后说："到这里我才记得写错了题目，这真是成了'不死不活'的东西。"这个题目是什么呢？让我们翻回到前面：现代史！我们突然明白了现代与"变把戏"之间的关系，钱币在里面作为中轴支配了每个人的活动。电影中韩三明没有钱，变马戏的人搜查他的包，没有翻出任何东西。但后来他坐摩托车去找老婆时，掏出了几块钱；后来去旅馆又掏出了几块钱；后来见到老婆哥哥时拿出了两瓶汾酒，在旅馆里，我们发现他还有一个手机。我一直在想他把东西藏哪儿了，那个搜查他的包的人竟然找不到这些东西。韩三明饰演的人物不但是一个老实巴交的人，而且也有适应这个急剧变化的生活的、变魔术的智慧。到了结尾，"云中漫步"也是变把戏的，但含义变了，影片的全部叙事、人物的命运和不确定的未来都凝聚在那个场面中了，我们身处其中，我们百感交集。

我想谈的第二个问题是变化与仪式。韩三明饰演的角色买了一个老婆，但因为是非法的买卖婚姻，老婆走了；16年后，他来找这个老婆，要看从未见过面的女儿；赵涛饰演的角色也是来找自己的到三峡来闯天下的丈夫。他们俩有文化，自由恋爱结婚。但两个"找"的故事正好颠倒过来了：能够保存感情的是一个非法的婚姻，而那个开始于自由恋爱的婚姻反而什么也留不下了。贾樟柯电影的中心主题是变化，不仅是《三峡好人》，而且也是从《小武》到《世界》的一贯主题，变化渗透在所有的生活领域和感情方式之中。各种各样的叙事要素围绕着变化而展开，故里正在消失，婚姻、邻里、亲朋的关系也在变异，伴随这个变化的主题或不确定性的主题的，就是对于不变或确定性的追寻。但到头来，找到的东西也在变质，"找到"本身就成了自我否定，或者说，"找"就是自我否定的方式。

变化是通过一系列的仪式表现的。赵涛饰演的角色好不容易见到了丈夫，在大桥下面的长堤上，背后是交谊舞的音乐。两人相见，丈夫问：你怎么来了？对白之后，两人终于有了亲热的拥抱，但在交谊舞的音乐中，丈夫与妻子的拥抱却不由自主地变成了跳交谊舞的动作。这个场景刚好与赵涛到那个虹桥边的露天舞场找丈夫的场景相互配合，我们从中知道丈夫的事业是如何在这样的交际场中度过的，现在他已经把交际场上的动作带到夫妻的关系中了。这个场景宣告了夫妻情谊的终结，一切都变了，因此也就成为赵涛的"找"的贯穿动作的否定。因此，她对丈夫说，自己已经有人了；丈夫问她是否想清楚了，她说：我决定了。这是通过决定来保存自己的感情的完整性、保存

《三峡好人》电影剧照

记忆中的故里的完整性。对感情的否定变成了对感情的保存,故里也是通过它的消失才能够在影片中存在的。故里成了想象的世界,感情变成了信念,植根于我们的心里。

仪式的展开需要一定的物质表现,夫妻在分手前的仪式是交谊舞和舞乐,而"小马哥"的全部生活就像是在对周润发英雄主义致敬——点烟的动作、穿着打扮、行为方式和《上海滩》的配乐就是这个仪式得以完成的物质程序。在《三峡好人》中,勾连起山西与三峡的意象是人民币上的壶口瀑布和夔门,钱币似乎也在支配着这两个世界的命运,这个"物中之物"却出人意外地带有诗意。我也因此想到电影中的分段采用了"烟""酒""茶""糖"等四个意象，它们是一种仪式的道具，将人们的关系以"物"的方式表达出来，但在这种关系中，"物"超越了物自身。买卖婚姻是以钱为中介的，但韩三明最后也做出了决定，是要回山西煤矿挣钱，赎回16年前的老婆。挣钱又成为保存这份感情的努力。这些地方，把我们时代的魔幻性表达得很深。与这个变化的主题相关的，是如何用一种史诗式的方式展现碎片化的时代。《三峡好人》的叙事和结构有一种史诗的味道。西川说他从影片中体会到一种19世纪俄罗斯文学的气息，我想把这个问题再引申开来。19世纪的欧洲和俄罗斯是产生史诗的时代，雨果、巴尔扎克、狄更斯、托尔斯泰以长篇小说的形式开创了这个史诗的时代。但是，中国现代的文学和影片在叙事上更接近于抒情的传统或者说现代主义的传统，史诗性的叙事往往是在通俗文学的形式中展开的，革命历史小说也可以放在这个传统中观察，谢晋电影的史诗性也是这个传统的延伸——我说通俗文学的意思不止是说叙事形式，而是构筑历史叙事的观念是和主流的意识形态或通俗的价值观完全一致的。捷克学者普实克（Jaroslav Prusek）写过一本书，叫作《抒情与叙事》，曾经讨论过中国现代文学为什么难以贡献史诗性的长篇这个问题，就算是长篇，在叙事结构上也多半是拉长的短篇或中篇。80年代兴起的第五代电影，通过精心设计的造型和极为简略的故事表达强烈的主观性，从叙事的角度说，更接近于抒情的和现代主义的传统。到80年代末的时候，我们都强烈地感到中国电影不大善于叙事，缺乏从日常生活的细节、各种人物的性格、故事、心理中展开叙事的能力,但又不愿意回到原有的那种现实主义叙事方式之中。就是在那个时候,我们看到了侯孝贤的《悲情城市》和他的一系列作品,第五代的终结就是从那个时代开始的。

两个传统:小津—侯孝贤电影与新纪实运动

汪晖: 贾樟柯电影的叙事方式可以从两个传统中理解,一个是小津安二郎和侯孝贤的传统,以日常生活的细节、小人物和历史汪洋中的孤岛般的片段故事,展示渗透在我们日常生活中的深刻变化,贾樟柯在《世界》中就有对小津安二郎的致敬,就像这部片子中通过"小马哥"点烟的动作及电影音乐展开的对周润发所代表的"义"的致敬一样。但是,贾樟柯电影又不同于小津和侯孝贤,他的视角不但朝向更低的底层,而且叙事的角度也更平行于这个世界的人物。这个叙事方式得益于过去十多年来逐渐发展起来的"新纪录运动"的潮流,得益于数码技术的普及,《铁西区》《渡口》《湮没》只是其中的几个出名的例子,我们可以在这个序列中发现数量巨大的、足以构成"运动"的作品。正是这些数量巨大的作品纪录了当代中国巨大的、无比复杂和丰富的社会变迁。《三峡好人》的史诗性只有置于这两个脉络中才能理解,它是通过对细微末节、普通人物、日常生活的纪实性的、多角度的描写展开的。

传统的史诗集中描写英雄人物的历史，而19世纪的史诗式作品将许多的中、小型人物带到我们的面前。这些作品，以人物在历史中的命运带动叙事进程，深入地挖掘人物的内心世界。但这样的写作方式大概难以表现碎裂化的当代生活本身，如今没有一个人物和他的故事能够展现时代的全部复杂性，史诗式的叙述方式需要找到新的形式，新纪录运动就是一种方式，一种记录这个碎片式的时代变迁的最为恰当的、史诗式的、非集体主义的集体行动。经过上述两个艺术脉络的洗礼，贾樟柯的电影展示了一种群像式的集体命运。他集中地刻画人物，但这些人物并没有因此从群像中疏离出来。贾樟柯电影的主角是变化，大规模的、集体性的变迁。个人的命运浮沉在这里也显示为一种大规模的、集体性变迁的一部分。也正因为如此，他对人的变化的表现方式是跳跃的、缩略式的，比如他省略了韩三明扮演的角色在16年中的经历，他是怎样变成这样一个人的？他也省略了沈虹的丈夫到三峡来闯天下的过程，他是怎样一步步爬到一个经理的位置的？影片突出的是变化本身。

贾樟柯将场景设置在奉节、云阳等行将淹没的地区，这是大转变的场景。但变化这一主题在他的电影中也体现在日常生活的变化之中。例如，从《小武》开始，贾樟柯就着意表现中国人的服装、流行音乐、身体语言的变化。在这部电影中，身体和身体语言的表现是突出的，从一开始在船上的变戏法场景，人群中许多男人裸露的上身，到后来的街角场景中歪靠着墙的闲人的身体,还有那个光着膀子的光头唱歌时的动作……中国人的形体,尤其是男性的形体,无论是站姿还是坐姿,其懈怠和松弛,是我们在日常生活中常见但很少关注的现象,但贾樟柯敏锐地捕捉到了这些微妙的、习焉不察的细节。这些懈怠的身体慢慢地开始穿上西服,套上风格不同的裤子,开始用手机,然后唱着、吼着不同时期的流行歌曲,做着、扭着不同时期的身体动作。这也许是贾樟柯对变化的最直观的把握了。《三峡好人》中的另一个直接呈现变化这一主题的是声音。噪音从头到尾没有停止过,这种噪音如果仔细地听也有不同的要素:一个是在拆迁过程中,工具敲打石头的声音,一个是机械自身的声音,但中间也有江水奔流的声音——江水的声音被噪音所破坏,以至于你听不清是工程的声音还是江水的声音。当然,还有人的声音,歌曲的声音,加上还有手机的声音——当韩三明循着"小马哥"的手机中的音乐声转向那堆砖头的时候,暴力被表现得如此含蓄而让人震撼。这些声音组织在一起,在某个特定的场景中表现变化,又在一个很长的声音背景中显示人的变迁。变化在这些声音中发生,一些东西消失了,或被破坏了,但声音似乎却在持续。

李陀:那个独唱是真实的表演吗?

贾樟柯:那个是真实的表演。

汪晖:李陀刚才说要找一个命名,说明贾樟柯的风格。历史研究中有一个命题叫作深描或厚描,就是对某一个历史事件、历史过程和历史细节进行多角度的、反复的描写。也许我们可以把这样的现实主义叫作深描写实主义。通过对各种细节、人物、场景等的描述,一个时代的面貌逐渐地呈现出来,显现出从一个角度无法完成的图景,这个图景在现实的变动中,无法完全稳定下来,我们必须从变动内部寻找对这个图景的理解。比如,买卖婚姻是非法的,但韩三明扮演的角色却表达了一种感情态度——这个感情态度的基础是什么呢?我们仍然要通过许多细节去仔细地理解和把握。贾樟柯电影里面描写的痕迹是很重的,一个个的场景,故事是放在某一个场景里面的,他对构成这个场景的各个要素做了非常深的开掘,细节、声音、人物、对

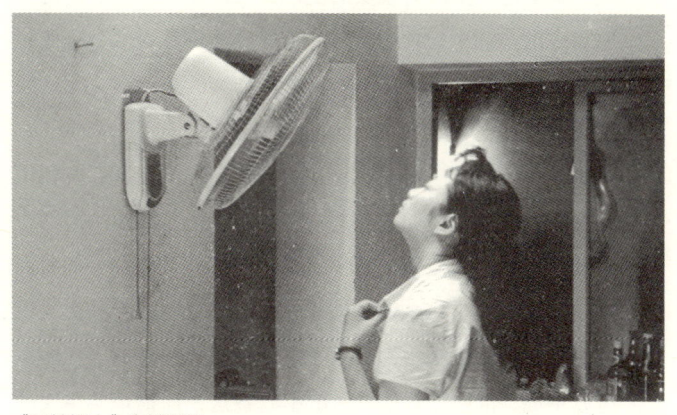

《三峡好人》电影剧照

象和对话,都在描写的对象之列。贾樟柯的长镜头很有特点,但《三峡好人》的镜头运用与他早期的作品相比,摆脱了沉闷感。描写的重要性在哪儿?描写的重要性是跟前面我说的对生活的速写有关的——速写是对变化中的、群体性的局部进行采集和纪录的方式,它注重细部,但不把细部从群体变迁中疏离出来。"小马哥"、韩三明的大舅子、旅馆的老板,都是简洁的几笔,就勾勒出了性格和变化。当代中国的新纪实运动也可以视为影像实践中的速写运动。

19世纪末现实主义向现代主义转变,人们认为对现实的描写不再能够把握现实,因此现实描写让位于对内在世界的刻划和追踪,从独白到意识流,各种现代主义的尝试奔涌而至。贾樟柯的作品里面有心理描写,有时候很细腻,但这个心理描写不是以独白的方式、也不是以意识流的方式、甚至也不是以对现实的变形的处理来展开的,而是在速写式的描述中表现的,有些心理活动只是通过个别的对话来加以暗示,比如那天早晨赵涛饰演的角色跟丈夫的朋友在移民纪念碑前说话,无心之中说了一句"云很美",而后声音开始嘈杂起来了。这句话与后来她和丈夫相遇时做出分手的决定是相互呼应的,因为这些简洁的对话中表明这个角色身上具有的某些品质。当然,也有一些对白过于文人化,比如离别16年的妻子对韩三明饰演的丈夫说"比南方更南的南方",分寸把握上不是很准确。在中文电影里面,也许只有侯孝贤电影具备这种深描现实主义的气质。在第五代导演的作品中,场景的意义是在另一个层面上展开的,与这种深描现实主义完全不一样。贾樟柯的叙事方法有当代其他电影所没有的东西,充满了细节和从这些细节中展开的张力,当然更重要的是通过这些描述把握这个无比广阔的变迁的野心。

李陀:我给汪晖的发言做个补充。我同意对贾樟柯电影里的写实主义的分析,还应该落实在具体的艺术分析上。《三峡好人》在镜头运用上,有一个突出的特点,就是中景、中近景这两个景别用得特别多,还有就是全景和大全景也相当多。特写很少,好像只有两次(其中一个特写比较怪,是赵涛演的沈虹在房间里烦闷地走过来走过去,画面里是一个腰的特写,给的时间还不短——我觉得这个特写有点多余,不但对刻画人物的烦闷心情没多少帮助,反而破坏影片的景别构成和叙事风格)。另外,这部影片基本上没有镜头的推、拉和机位移动的拍摄,只有不多的几次摇镜头。这些语言和在这基础上形成的语法,不但让人想起贾樟柯的其他几部影片,也让人想起侯孝贤和小津安二郎的叙事语法和风格,也是中景、中近景最多,也是固定机位。贾樟柯为什么这么做?他这样的做法和侯孝贤,和小津有什么异同?贾樟柯的独特贡献又是什么?这些恐怕都要做更仔细的讨论,不然贾樟柯和电影写实主义的关系就说不清楚。

我觉得这和贾樟柯的"故里"观念有很大关系。他的影片的一个母题,也是他的主题,就是故乡生活。这种生活是稳定的,某种意义上甚至是停滞的,又是正在现代化过程里被瓦解和破坏的,可是,就像西川所说,贾樟柯在这停滞和瓦解里发现了某种诗意。他的叙事似乎就是要用影像语言把这"停滞"中的故乡和瓦解中的故乡之间的张力,以及这张力中的诗意给一个充分的表达——不是光用故事和人物,还要用影像,用银幕语言。这在影片最后一场戏里表现得非常突出,那真是回肠荡气!这场戏严格来说不是"戏",而是以基本静止(最后有一点摇)的中景镜头组成的群像速写,非常朴素,非常简洁,节奏非常缓慢,表演非常质朴,可是非常有力度,感人至深。顺便说一下,这些群像从肖像角度来说,拍摄也是非常之好,我觉得摄影师余力为立了大功。

在贾樟柯的写实主义当中,决不可忽视的一个叙述元素,就是声音。所有喜欢贾樟柯电影的人,恐怕都注意到了他的影片对声音的独特处理。贾樟柯对银幕声音的理解,的确非常独特。从表面看,好像贾樟柯对生活环境的自然声响特别感兴趣,从《小武》一直到《三峡好人》,我们在每部影片里,都可以听到和看到大量的来自普通日常生活的各种声响:汽车和摩托车的喧闹,各种机器的轰鸣,市场上的叫卖,收音机和电视机发出的骚乱,还有各类流行音乐的轮流轰炸——这样的声音处理在别的导演的影片中也不是没有,但是很少有人把这样"噪杂"的声音独立起来,构成电影叙事里和影像始终平行进行的另一种叙事线索。这么做就不平常了,这需要勇气,可贾樟柯有的就是这种勇气。还有,更重要的,他这么做并不是为了追求什么艺术效果,这里有更大的雄心。刚才汪晖说得非常好,贾樟柯有一种雄心,就是要在电影叙事中构筑自己的世界,但是,他构筑的这个世界,在影片里是分裂的:一个是画面的,镜头的,视觉的,那是他的故里,他的故乡;另一个,是导演苦心经营的那个噪杂的声音世界,那是强加在他故乡上的另一个现实,意味着现代化,意味着故乡的消失,也意味着新的生活,不管那是好还是坏。也许贾樟柯的声音处理已经形成一种电影声音美学,他正是通过这种美学,有力地强调了他构筑的这个世界中所存在的张力:他故乡的世界和现代化的世界之间的冲突,这冲突既有悲剧性,也有喜剧性,并且,这个张力贯穿在他影片中的每一场戏或者每一个细节中,形成贾樟柯的现实主义的一个显著的特征。

贾樟柯是不是在怀旧?他的影片可以不可以纳入怀旧的电影潮流里?我想不是。贾樟柯的影片虽然充满对故乡的热爱,也对故乡生活的消失,对故乡的变迁多少有一种惋惜,多少有一种留恋,但是并没有怀旧。恰恰相反,《三峡好人》展示给我们的,是日常生活和我们正在面临的巨大变迁之间巨大的冲撞。这个冲撞需要我们阅读,需要我们理解,需要我们分析,需要我们讨论,甚至需要我们重新观察——我们生活都非常忙,我们没有静下心来观察我们生活的机会。可是贾樟柯用他的电影叙事,把正在我们眼前流失的生活在银幕上不慌不忙地展现,让我们有机会重新再次观察我们的生活是怎么回事。当然,我们是通过贾樟柯的世界来观察我们面前的世界的,这两者的差异,又是需要我们思考的另一个问题。这些东西恐怕需要我们更细致的讨论,如果要把它变成理论语言可能还需要时间。

如何理解《三峡好人》提出的"好人"概念?

崔卫平: 我是今天发言的唯一女性,对于影片中两段婚姻的处理,对于女性在这种婚姻中的角色,要表示一点疑虑。刚才大家说了很多,认为这两段婚姻都表达了一种很克制的直接描述的态度。我的看法不一样。因为影片中表现"人"与表现"物质对象"是两件不同的工作。表现物质对象,我们需要的是直接描述,就像对象呈现给我们的那样,但是表现人,表现人物的命运,就需要进一步地、前前后后地加以理解之后,才能完成。

我想运用这样一对概念来加以说明:事实与关系。表现物质对象,比如刚才说的废墟景象,需要对于"事实"的基本态度,但是处理人物,处理的是"关系"而不是片断的事实。当然,的确有拐卖婚姻愿意留下来不走这样的"事实",但是从"关系"上来看,放到整个社会的大脉络中来看,作为一种理解来看,留恋拐卖婚姻就是不正确的。

因为无论如何,从社会关系上说,拐卖婚姻是一个难以令人认同的东西,对于女性,也是一件难以认同的东西。这样去表现忽视了女性在拐卖婚姻中的感受,也许拐卖婚姻中的男性更容易接受这样的婚姻。因此,对于影片中拐卖婚姻的试图重新复合,对于将这种完全是非法的事情力图加以合法化,我是深表疑虑的。

同样,关于赵涛饰演的另外一对婚姻中的女主角,其实她并没有找到另外一段情缘,但是在向丈夫表达离婚愿望时,却说自己"有人"了,她不愿意承认自己的失败,不服输不认输。但是我并不是像汪晖所认为的那样,是一种自尊的体现,我觉得那仅仅是"嘴硬"而已。什么是尊严呢?我认为一个人的尊严,体现在能够接受自己的处境,接受自己的破碎和失败的事实。也许,让女性将离婚的责任揽过来,先说自己已经有人了,这样做对于离婚中的男性,感到比较容易解脱吧。又是一个对于男性更为有利的视角。

欧阳江河:我认为应该将这个电影综合起来考虑,包括我们的疑虑。这个电影的名字让我非常感兴趣,《三峡好人》,这个"好人"的概念我一直在关注,好的人,好的生活,我提这个概念不是从一个封建的角度,而是从当代的角度来提。现实这么快的什么都在变,中国现在的变化速度之快是人类历史上从未有过的,这个变化涉及每一个方面,每一个局部,每一种角度。刚才汪晖说的非常准确,贾樟柯所有电影有一个共同主题就是变化，从《小武》开始就有了，从变化产生出来的就是西川所说的不饱和，我觉得这是非常有意思的一个说法。我认为，在物质层面发生的种种变化，与人的生活、人的心理状态、人的命运的变化，两者之间产生了一种差异，一种对冲，有可能物质现实变化快于我们心理和命运的变化，快于我们对生活的基本感受，快于我们人生观的变化。这种快速变化，有时会带给我们"物是人非"的沧桑感。比如在《小武》里面，男主角是一个小偷，他在法制意义上的犯罪和他作为一个真实的人，一个活生生的人那种对亲情的理解，对爱情的理解，这两者之间产生出来的不仅仅是挫败感，这之间还有一种深刻的差异。一个小偷也有他内心的生活，但小偷作为一种职业，它的不光彩在任何时代都不可能转换成正面的东西。而小偷的哥们，那个买空卖空的人，他干的事在某种历史条件下是非法和不光彩的，但随着时代的变化他有可能变成一个成功的企业家，时代的弄潮儿。小偷怎么变永远是犯罪，《小武》所讲述的一个职业性小偷身上那种感情和心理的变化，与命运的不可能变化之间的差异是非常有意思的。这种变与不变之间的种种差异和比例，在《三峡好人》里面得到了特别厚的描述。

男主角来三峡寻找女儿，这个寻找后面有16年的空白，对此我是带着疑虑在观看电影的，为什么此前不来寻找？现在我回想起电影里面短短100分钟的描述，韩三明和影片中各种人物的关系，人际关系与物像场景的对比，男主角身上的那种大气和执着,他的缓慢,以及有时候他的麻木和略带伤感的性情,所有这一切综合在一起,对16年的空白我觉得贾樟柯已经做了非常令人信服的解释。有可能他不是来寻找老婆的,他是在寻找女儿,想看女儿一眼,但是在找到从前的老婆后,他发现这个女人的生活并不幸福,所以最后他自己做了一个决定,要回去挣三万块钱把她带走。这个决定是否基于爱情我们不得而知,但这个决定肯定包含了一种亲情,非常真实的亲情,尽管这里面也包含了崔卫平所说的买卖婚姻的犯罪,包含了不合法。我知道长期以来中国乡村有这种东西,有非法的拐卖妇女,也有合法的买卖婚姻,后者同样没有感情基础,同样是金钱关系,说媒什么的,这种婚姻传统意义上是合法的,但从现代性来讲是不合法的,因为没有感情基础。但是这种买卖交易关系在中国农村的婚姻里面是大量存在的,我们知道这里面含有不合法的、不人道的东西,甚至有犯罪因素,但具体到由此产生的真实的感情和亲情,这个问题我想就不光是一个女性角度的问题,可能还是一个更复杂的现代社会的问题。这里涉及我想要表达的问题,就是好人这个概念的提出,现在全世界都在关注中国,中国在政治上、经济上都发出了自己的声音,但是如何发出文学艺术上、心灵上的声音?世界上有人对中国的变化感到恐惧,因为他们听不到这样的来自艺术和心灵的真实的中国声音。我们应该从这个角度去理解贾樟柯用他的电影影像向全世界发出的声音,以及蕴含在他的声音和影像深处的

"三峡好人"这个富有诗意和韵味的概念。"三峡好人"是从德国剧作家布莱希特（Bertolt Brecht）的"四川好人"借用的，也可以更广阔地将其理解为"中国好人"。由于中国现实变化太快，贾樟柯的电影影像，这种电影人眼光里的中国普通人形象，好的生活，好的人，好的内心，这种东西现在还不太确定，还存在大量的欠缺。《三峡好人》里面有一个地方直接涉及了"好人"，就是"好人一生平安"那个韩三明的手机铃声。我觉得贾樟柯对此是反复考虑过的，什么是真正意义上的好人？这是这个电影里想要传达的很重要的一个声音。

李陀：关于《三峡好人》里群像的塑造，我想再补充几句。我觉得"群像"构成贾樟柯的写实主义创作另一个非常重要的特征。贾樟柯的影片虽然也有主人公，主人公也是叙事的贯穿线索和动力，但是影片不是以一个人的成长，或者是一个人的性格发展，来对生活作演绎、作解释的。贾樟柯的做法比较特殊，是把主人公放在一个群体当中，作为群像的一个部分进入叙事。比如韩三明到船上"寻妻"的一场戏，就是这种以"群像"的方式进行叙事的一个典型的例子。在这场戏里，贾樟柯并没有特别突出韩三明和船老大的冲突（照通常的做法，"戏份儿"必然全落在他俩身上），而是把大量镜头相当平均地给了船上所有的船员，韩三明是在和一群船员几乎完全沉默的对峙里得到刻画的。这场戏真是太精彩了。当然，贾樟柯的"群像"技术很复杂，并不总是以一群人的群戏形式出现，形态很丰富。在叙事中横生枝蔓，用随笔式的散文技巧，寥寥几笔就刻画出一个人物，就是办法之一，像"小马哥"，像在江边想到城里去找工作的小女孩，都是成功的例子。再需要说一下的是，在以前的社会主义文艺里，也讲究"群像"的塑造和刻画，但是贾樟柯的"群像"是平头百姓的群像，虽然这群像里的人物都有一种坚毅沉着的气质，但是他们不是英雄，不是英雄群像。两种"群像"的区别，不但有着不同的历史内涵，在美学上也是殊途难以同归。不过，要是对这两者之间的历史联系做深入讨论，那一定是个非常有趣的课题。

汪晖：贾樟柯对于现实变化的态度既不同于过去的批判现实主义的手法，也不同于20世纪的现代主义，这和我前面谈到的小津安二郎、侯孝贤的叙事传统和当代新纪实运动这两个脉络有关。相对于19世纪的批判现实主义，贾樟柯的叙事更为冷静，道德判断通过纪实性的风格展现出来。相对于现代虚无主义的基调，贾樟柯更专注于现实变化的细枝末节，在冷酷的现实中保持着一种温暖的基调。比如对16年前的买卖婚姻的重访凸显了一种真实的感情，又比如说对于一个婚姻的否定产生出来的是尊严感。这些真实的、真挚的东西无法落到实处，而只能寄托在人的主观的状态之中。这种主观状态的承载者不是英雄人物，也不是知识分子，而是普通人对生活的完整性的理解。贾樟柯的电影因此有一种对于肯定性、确定性的寻求的态势，这正好与他对生活的不确定性的挖掘相辅相成。

婚姻关系和两性关系敏感地反映了整个社会变迁的深度。在《三峡好人》中,买卖婚姻和自由恋爱竟然倒置了。这是对买卖婚姻的肯定吗?这是对背叛的宽宥吗?我认为不是,这是对社会变迁的追问。贾樟柯的叙述里面,有两点值得注意,一点就是他的出发点,就是对普通人而言,这个变迁就像已经动工的三峡大坝一样,成为一个给定的现实,无论你持肯定或者否定的态度,变迁是无法停止了,但生活还要继续。这个状态与知识界有关中国现实的争论不大一样,知识分子希望给这个变迁一个明确的方向,希望干预这个总体进程,而对于这些普通的人来说,他们必须在变迁之中确定自己的态度和位置,寻找属于自己的生活。他们明白变化是在每一个人的生活之中,他们只有在自己的生活中做出决定,才能在变化中寻得自己的未来。电影里面有怀旧的色彩,但怀旧不是真正的主题,在电影场景的中心是废墟,变化的主题是从废墟开始往前伸展的,往前是给定的,但未来是不确定的。正是这种叙事角度构成了对人的最大压力——变迁不是一个自然的过程,但也不是一个通过个人的反抗就可以遏止的过程,变迁就这样渗透到了最普通的人的生活之中。在影片中,对于这一给定性的反抗是微弱的,但不是无迹可寻的,至少两位主人翁都做出了各自的决定。这也让我想起围绕契诃夫的戏剧《三姐妹》《海鸥》和《樱桃园》等作品的争论,那个时候许多前进的批评家觉得契诃夫描写旧生活的沉闷与腐朽,却没有给出变革的方向,而新时代的号角似乎已经吹响了。但丹钦柯和其他的一些评论者终于发现,在契诃夫塑造的那些心怀向往而没有能力改变自身生活的人身上,潜藏着对于新生活和美好感情的向往,这些向往表现在一些片段的语句和动作之中,却构成了作品的潜流。我前面说到过贾樟柯叙事基调的某种肯定性,大概就是与这种潜流相关的。

崔卫平:说到将一种现实的"给定性"作为前提,我的忧虑则更深。其危险在于很可能导致这样的面向:存在的就是合理的。当然中国现实不能停留在某个阶段,还要往前走,但是在往前走的同时,要加进去"批判"的维度,持续不停地批判已经成为"现实"的某种东西,批判这种"现实"形成的条件、前提,而不是在接受现实的同时,把造成这种现实的不合理的前因也接受下来。

欧阳江河:这就涉及这个电影的一个特点,给定的现实在电影里是带有纪实性质的。在这样一种给定的现实中,比如镜头所追踪拍摄的正在消失中的小县城生活,移民的离开和外来民工的来去,包括男女主角身上体现的种种琐碎也好,挫败感也好,空白也好,最后就是这么一个三峡大坝建设起来了,真实存在下两千多年的县城消失了。在这样不可改变的给定的现实下面,人的生活怎么继续?这对那些置身此一现实的人们来说不仅是个疑虑,而且还带着不同层次的失望,或者欠缺,或者破碎,但无论如何在巨变后,生活还得继续。这样一个消失的"现实"和还要继续下去的"现实",这两者之间的关系,不是说后者的命运一定是前者的简单反映,这里面有非常复杂的关系。

我们再来考虑贾樟柯说的什么是好的,怎么回答这个问题的?好的生活在哪里?这个问题是贾樟柯提出来的,他在电影里没有直接回答。或许男主角到另外一个地方以后,未必就有好的生活,这不是电影可以解答的问题,也不是法律或宗教可以解答的问题,不是我们这些人可以解答的问题,而是生活本身。我觉得贾樟柯提出了这个问题,这是他的电影特别让我感动的地方。我们的生活在经历剧烈而快速的变化,钱越来越多,开放性和发展方面越来越好,但是生活本身有没有变得越来越好呢?人有没有变得越来越好?这真的是一个很大的问题。

(本座谈由《读书》杂志策划,初稿原刊《读书》2007年2月号)